0-6세 골든타임 책육아

0-6세

골든타임
책육아

남미영 지음

한국독서교육개발원 원장

스마트베어

0~6세 골든타임에
현명한 엄마를 만나게 해 주세요

역대 노벨상 수상자가 75명이나 참석한 대형 세미나가 파리에서 열린 적이 있습니다. 한 젊은 기자가 그해 물리학상을 받은 수상자에게 물었습니다.

"노벨상을 받기까지 가장 많이 배운 곳은 어디입니까?

"우리 동네 유치원입니다."

"아니, 유치원이라뇨?"

기자가 놀라서 물었습니다.

"저는 유치원에서 살아가는 데 필요한 가장 중요한 것들을 배웠습니다. 거짓말하면 안 된다는 것, 몸과 옷을 깨끗이 해야 한다는 것, 동물을 때리면 안 된다는 것, 친구에게 나쁜 말을 하면 친구도 나에게 나쁜 말을 한다는 것, 공부 시간에 조용히 해야 한다는 것, 책장을 넘길 때 손가락에 침을 묻히면 안 된다는 것……. 유치원에서 배운 이런 것들이 내가 연구하며 살아오는

데 가장 큰 힘이 되었습니다."

신문에 난 이 기사를 읽던 날, 나는 울었습니다. 내 아이들은 이미 오래 전에 유치원을 졸업하고 청년이 되어 있었기 때문입니다. 돌이켜 보니, 유아 시절에 가르쳐 주지 못한 것들이 너무나 많았습니다. 바쁘다는 핑계로 '나 중에, 나중에!' 하면서 미루다가 '어!' 하는 사이에 아이들이 훌쩍 커 버렸으 니까요. 지나간 세월을 되돌릴 수만 있다면 정말 멋진 엄마가 될 수 있을 텐 데……. 그날의 후회는 나를 유아 독서교육의 길로 들어서게 했습니다.

그동안 세상의 모든 엄마들은 자신을 길러 준 어머니의 육아법에다 삐아 제, 몬테소리, 프뢰벨, 글렌도만 같은 교육학자들의 이론과 유대인의 탈무드 교육법을 교과서 삼아 자녀를 길러 왔습니다. 그러나 다양한 이론들 사이에 서 혼란스러워하는 엄마들이 많았습니다. 나도 예전에 그런 엄마 중 하나였 습니다. 원래 교육이란 시대마다, 나라마다 같을 수는 없습니다. 자녀가 살 아갈 시대에 맞는 인물로 길러져야 하기 때문이지요.

2000년대로 들어서면서 '유아교육은 좋은 두뇌 만들기'라는 새로운 지평 이 열렸습니다. 고도의 영상 기술 덕분에 모든 아기가 1,400억 개의 뉴런을 가지고 태어난다는 것, 아기의 뉴런은 부모의 언어적 자극에 따라 증가한다 는 것, 부모의 언어적 자극의 양과 질에 따라 좋은 두뇌와 우둔한 두뇌가 결 정된다는 것을 알게 되었습니다. 그리고 좋은 두뇌의 핵심 요소인 아기의 뉴 런을 증가시키기 위해 독서가 최고의 방법이라는 것이 증명되었습니다. 언어 자극을 줄 때 그냥 말로 하기보다 책의 힘을 빌릴 때 더 효과적이라는 사실 을 두뇌학자들이 밝혀낸 것입니다.

미래학자 토마스 프레이는 2030년 즈음에는 일부 직업군이 자동화되면서 최소 20억 명의 실업자가 생길 것으로 예측했습니다. 평생 직장과 정규직은 사라지고 단기 고용이 대세가 되는 초고용 사회가 될 것이며, 지금 자라나는 어린이들은 평생 8~10개의 직업을 바꿔 가며 살아가게 될 것이라고 합니다. 이제 명문대 학위 하나로 평생을 먹고살던 시대는 갔습니다. 끝없는 자기 계발을 통해 유연한 두뇌를 가진 인간이 대접받는 사회가 되었습니다.

'유연한 두뇌'란 끝없이 생각하는 두뇌입니다. 예측 불가능한 미래와 AI를 상대해야 하는 이 시대에는 지식을 배우거나 외워서 하나의 정답을 찾을 수 없습니다. 이미 배운 지식 속에 우리가 사용할 정답은 없습니다. 배운 지식을 응용하여 새로운 지식을 창출하고, 닥쳐올 문제를 해결하기 위해 다양한 정답을 마련할 수 있어야 합니다. 불확실한 미래에 적응할 수 있는 인간 교육, 이것이 지금 엄마들의 가장 큰 과제입니다. 과거형 엄마는 과거형 자녀를 만들고, 미래형 엄마는 미래형 자녀를 만듭니다.

2020년부터 코로나19라는 바이러스가 배움의 방식을 바꿔 놓았습니다. 이제 학교와 교실은 큰 의미가 없어졌습니다. 한 공간에 모여 선생님에게 배우는 것 대신 책읽기를 통하여 스스로 배워야 하는 시대가 되었습니다. 그런데 책을 정확하게 읽으려면 독서 능력이 필요합니다. 독서 능력은 어휘력, 이해력, 요약 능력, 상상력, 판단력, 창의력과 같은 능력이며 독서를 통해서 길러지는 능력입니다.

나는 지난 24년 동안 교육인적자원부의 브레인인 한국교육개발원(KEDI)에서 국어교육과 독서교육을 연구해 왔습니다. 수많은 연구를 하면서 알게 된 것은 유아 시절에 독서교육을 제대로 받지 못한 아이들은 이후에 어떤 교육을 투입해도 효과가 적다는 사실이었습니다. 그래서 똑같이 일곱 살에 입학한 어린이들 간에 매우 큰 학습 능력의 격차가 존재했습니다.

이 책은 현장 연구와 발견을 토대로 쓴 유아 독서교육서로, 2007년에 출간된 〈엄마의 독서학교〉의 개정판입니다. 지난 10여 년 동안 28쇄를 거듭하면서 수많은 엄마 독자들과 주고받았던 질문과 대답을 참고하여 새 시대에 맞는 이론과 방법론을 추가했습니다. 태어나서 만 6세까지 유아의 연령 및 상황에 따라 부모님들이 활용하기 좋은 책육아법을 실었으며 어휘력, 공감 능력, 자존감, 회복탄력성, 비판능력, 상상력, 판단력, 창의력, 문제해결력과 같은 능력에 대한 구체적인 책읽기 방법도 담았습니다.

책을 쓰는 내내 '좋은 엄마를 만난 아이는 이미 인생의 절반은 성공한 셈'이라는 격언을 생각했습니다. 젊은 엄마들이 이 책을 통해 아름다운 인격과 유연한 두뇌, 자기주도적 학습 능력을 갖춘 아이의 탄생을 꿈꾸길 바랍니다. 0~6세 골든타임에 자녀에게 절반의 성공을 선사하고 싶은 부모님들에게 이 책을 바칩니다.

아름다운 봄날 수지에서
남 미 영

차례

6장 5~6세 유치원 시대

0~6세 책육아를
시작하는 엄마들에게

 유아기는 길지 않습니다

　어른의 시기는 길지만 유아기는 짧습니다. 어른의 시기는 50년, 길게는 80년까지 연장되지만 유아기는 언제나 7년입니다. 이 짧은 기간 동안에 말 배우기, 몸 키우기, 생활 습관 들이기, 가치관 정립하기, 친구 사귀기, 놀기 등을 하며 시간을 쪼개어 책을 읽습니다. 그러므로 0~6세에는 어른처럼 아무 책이나 읽으며 시간을 낭비할 여유가 없습니다.

　또, 아이들의 머리는 깨끗해서 한 번 그려진 그림은 잘 지워지지 않습니다. 우리가 어제 본 TV 드라마의 주인공은 기억할 수 없어도 어릴 때 같이 놀던 소꿉친구의 얼굴은 생생하게 기억할 수 있는 것처럼 어린이의 기억은 영속됩니다. 이런 이유들로 인해서 0~6세에는 최고의 책만 손에 들려 주어야 합니다.

0~6세 엄마학교의 교장이 되세요

모든 아이들은 초등학교에 입학하기 전까지 각자의 가정에 설립된 '엄마학교'에서 교육을 받습니다. 입학 전 7년 동안 교육의 주도권은 엄마에게 있습니다. 아빠가 열심히 육아를 돕는다 해도 아빠는 보조 교사에 불과합니다. 직장에 간 엄마를 대신해서 할머니가 육아를 담당한다고 해도 역시 교장은 엄마입니다. 그러나 정작 엄마들은 이 어마어마한 권력이 부여된 자신의 학교를 대수롭지 않게 여깁니다.

초·중·고의 교과서는 국가가 심사해서 합격과 불합격을 결정합니다. 그런데 엄마학교에서 쓰는 책은 엄마가 직접 심사하고 고를 수밖에 없습니다. 우리나라뿐만 아니라 다른 선진국도 마찬가지입니다. 자국의 책만으로 유아를 가르치기에는 한계가 있고, 그러다 보니 책의 종류가 너무나 방대하여 국가가 나서서 심사를 할 수 없기 때문입니다.

엄마학교에서는 엄마가 교장입니다. 교육 과정을 기획하고, 교과서를 선택하고, 교육 방법을 결정하는 것 모두 엄마가 해야 합니다. 학교를 설립해 놓기만 하고 어영부영하게 운영하고 교과서도 신통치 않다면 골든타임을 놓치는 것입니다. 한 번 지나간 0~6세는 다시 오지 않습니다.

 ## 똑똑한 아이가 될 수 있어요

'머리 좋은 아이, 그래서 하나를 배우면 열을 안다. 아이디어가 샘솟는 아이, 그래서 항상 새로운 방법을 창안해 낸다. 똑똑한 아이, 그래서 항상 바른 판단을 내리고 주위의 신뢰를 한몸에 받는다…….'

욕심 많은 엄마라도 자녀가 이쯤 되면 행복할 것입니다. 실제로 세상의 모든 아기들은 이럴 가능성을 100% 가지고 태어납니다. 부모의 두뇌가 좋건 나쁘건, 학력이 높건 낮건, 경제적으로 부유하건 가난하건, 세상의 모든 아기는 똑같이 약 1,400억 개의 뉴런을 가지고 태어납니다.

그런데도 초등학교와 중학교를 거치면서 두뇌 차이가 확실하게 나타나는 것은 엄마학교에서 7년 동안 교육받은 교과서의 질 때문입니다. 초등학생만 되어도 아이들의 두뇌는 의미 있는 차이를 보입니다. 어떤 아이는 선생님 말씀을 잘 알아듣고, 성적이 좋으며, 친구들과 잘 사귀고, 자신감을 가집니다. 반면에 그렇지 못한 아이들은 자신감을 잃고 남모르는 열등의식을 갖게 됩니다.

지금 엄마에게 자신의 인생을 맡기며 태어난 아기들은 엄마가 어떤 책육아를 하느냐에 따라 남들이 부러워하는 아이가 될 수도 있고, 남들을 부러워하는 아이가 될 수도 있습니다.

 ## 발달 단계에 맞게 가르쳐 주세요

유아기의 1년은 어른의 10년과 맞먹습니다. 그만큼 유아의 1년과 1년 사이에는 건너기 힘든 강이 흐릅니다. 아무리 유명한 동화책이라도 유아 발달 단계에 맞지 않을 때는 소화시킬 수 없는 음식이 됩니다. 서너 살 유아에게 한글·수학 워크북을 가득 사다 놓고 공부시키는 엄마들을 가끔 보게 되는데, 이는 유아의 특성을 이해하지 못한 데서 오는 잘못입니다. 순서를 무시한 책육아는 불이 들어오지 않은 방에서 공부를 하라는 우격다짐과 같습니다.

독서에는 80%의 법칙이 있습니다. 아이가 80% 정도 이해할 수 있는 책이 그 아이의 수준에 맞는 책이라는 의미입니다. 100%를 이해할 수 있으면 그 책은 너무 쉬워서 싱거운 책이 됩니다. 또 20~30%밖에 이해할 수 없다면 독서의 의욕이 꺾이게 됩니다. 재미있어서 집중할 수 있는 책은 아이의 어휘력, 이해력, 상상력, 판단력으로 75~85% 정도를 독해할 수 있어야 합니다.

만 6세가 되기 전까지 유아는 우뇌 중심으로 배웁니다. 규칙이나 논리로 배우는 좌뇌식 학습이 아니라, 이미지나 패턴을 통해 총체적으로 받아들이는 우뇌식 학습이 효율적입니다. 어린아이들에게 좌뇌식 학습을 반복하면 두뇌가 스트레스를 받게 됩니다.

두뇌 스트레스는 투쟁 호르몬인 코르티솔을 과다하게 분비시켜 육체의 성장뿐만 아니라 두뇌의 성장에도 적신호를 보냅니다. 능력의 한도를 넘는 것을 할 때 두뇌는 집중하지 못할 뿐 아니라 거부와 저항을 나타냅니다.

 ## 따라쟁이 엄마는 곤란해요

우리나라 엄마들은 옆집 엄마의 말을 매우 중요하게 여깁니다. 전문가들이 오랜 연구 끝에 수립한 교육 정책보다 옆집 엄마의 의견을 더 믿고, 그대로 따라 하는 경향이 있습니다.

만 네 살짜리 아들에게 유치원 외에 학원을 세 군데나 끊어 주고, 자신은 아이를 데리고 다니며 운전기사 노릇을 하는 엄마에게 물어보았습니다.

"아이를 너무 혹사시킨다는 생각이 안 드세요? 아직 어린아이인데……."

"다른 엄마들이 다 하는데, 나만 안 하면 되겠어요?"

서울 강남의 한 학원에서 서울대학교 필독 도서 100권을 초등학교 때 미리 뗄 수 있다는 광고를 냈더니, 하루 만에 수백 명의 엄마들이 몰려들었다는 뉴스가 있었습니다. 가까스로 수강권을 끊은 한 엄마에게 기자가 이유를 묻자, 그 엄마는 "다른 엄마들이 다 하니까요."라고 대답했습니다.

옆집 엄마를 따라 이리저리 몰려다니는 현상은 부동산 투기 현장과 비슷합니다. 투기가 잘못돼서 돈을 날리는 것은 어쩔 수 없지만, 세상에서 가장 귀중한 자녀의 인생을 망친다면 얼마나 슬픈 일일까요?

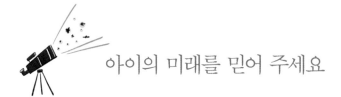

아이의 미래를 믿어 주세요

시골의 작은 초등학교에 공부를 지지리도 하지 않는 싸움 대장이 있었습니다. 어느 날, 학교에서 한창 말썽을 피우는데 지나가던 교장 선생님이 와락 껴안으며 "아니, 나중에 훌륭한 인물이 될 사람이 왜 이러지?" 하는 것입니다. 지금껏 한 번도 들어 본 적이 없는 소리에 아이는 어안이 벙벙했습니다. '훌륭한 인물이 될 사람'이라는 교장 선생님의 말이 아이의 귀를 간질였습니다. 그 말이 생각날 때마다 아이의 얼굴에 미소가 피어올랐습니다. 그러면서 웬일인지 말썽 피우는 일이 시들해지고 공부가 좋아지기 시작했습니다.

이 이야기는 어느 교육감이 직접 들려준 어린 시절의 고백입니다. 나는 그분의 이야기를 들으며 생각했습니다. '교장 선생님의 기대가 말썽쟁이 아이를 훌륭하게 키워 주었구나!' 하고 말이지요.

에디슨의 엄마는 학교에 불려 가 낙제한 아들을 데리고 나오면서 한숨짓거나 걱정하지 않았습니다. 대신 눈을 똑바로 뜨고 담임 선생님에게 한마디 했습니다.

"선생님은 우리 아이의 단점만 보고, 장점은 아직 못 보셨군요."

그날부터 엄마는 아들의 장점을 끄집어내기 위해 많은 노력을 했습니다.

빌 게이츠가 인터넷이라는 당시로선 이상한 것을 연구하기 위해 하버드대학교를 중퇴하겠다고 했을 때, 그의 엄마가 남편에게 이렇게 말했답니다.

"여보, 저 애가 우리도 다 아는 것을 만든다고 하면 말리겠지만, 우리가 모르는 이상한 것을 만든다고 하니 한번 믿어 줍시다. 우리가 모르는 것이니, 아마도 엄청난 것일지도 모르잖아요?"

위인의 엄마들은 아이의 가능성을 믿고 멀리까지 내다보는 미래 지향적인 눈을 가진 여성들이었습니다.

 엄마의 유년 시절을 되돌아보세요

처음으로 엄마가 되었을 때, 모든 여성들은 '이 생명을 어떻게 키울까?' 하는 책임감에 가슴이 뭉클하고, 코끝이 찡해집니다. 이때 엄마들이 해야 할 일이 하나 있습니다. '나는 어떤 사람인가?'를 생각해 보는 것입니다.

'부모의 양육 패턴은 자식을 통해 대물림된다.'는 학설이 있습니다. 미국 버클리대학교 메리 메인 교수는 성인 여성 300명을 인터뷰한 결과, '엄마들의 80~90%가 유아 시절에 부모에게 받았던 양육 방식대로 자녀를 기른다.'는 사실을 밝혀냈습니다. 과잉보호를 받으며 자란 아이는 자기 아이를 과잉보호하는 엄마가 되고, 변덕스러운 엄마 밑에서 자란 아이는 변덕스러운 엄마가 된다는 것입니다. 심리학자 알프레드 아들러는 '유아기에 형성된 기억 속에 한 인간의 가치관, 생활 패턴, 행동 양식이 숨어 있다.'고 말합니다.

현재의 나는 과거로부터 축적된 경험으로 형성된 존재입니다. 그래서 내 의지와 상관없이 부모로부터 받은 양육 태도를 자녀에게 대물림합니다. 좋은 엄마가 되고 싶다면 먼저 유년 시절에 부모와 보낸 기억을 탐색할 필요가 있습니다.

속상했던 일, 고통스러웠던 일, 스트레스 받았던 일을 떠올리며 그 방식을 아이에게 대물림하지 않기 위해 무엇을 어떻게 청산할지 결정해야 합니다. 아이들은 엄마가 풍기는 향기 속에서 자랍니다. 엄마의 향기는 바로 아이의 태도가 됩니다.

 ## 매니저는 NO, 코치는 OK

'헬리콥터맘', '잔디깎기맘'을 아시나요? 헬리콥터처럼 자녀의 머리 위를 뱅뱅 돌며 떠나지 못하는 엄마, 잔디깎기처럼 어려운 일을 척척 처리해 주는 엄마라고 합니다. 요즘은 자녀 교육을 연예인 매니저처럼 한다고 해서 '매니저맘'도 있더군요. 공부 계획을 짜고, 친구로 누굴 사귈 것인지 정해 주고, 좋은 학원을 수소문하고, 학원에 데려다주고, 끝나면 픽업하여 다음 학원으로 가고, 진학할 학교와 학과를 정해 주고, 수강 신청도 해 주는 엄마라고 합니다.

그런데 타칭 매니저맘이라는 분들을 만나 보면 자신이 매니저맘이라는 사실을 모르고 있었습니다. 철썩같이 자신을 '맹자 엄마' 혹은 '현모'라고 믿고 있었습니다. 자각을 했든 하지 못했든 이런 엄마의 아이들은 자존감에 문제가 생깁니다.

어린 시절에 헬리콥터맘이나 잔디깎기맘, 매니저맘에게 양육된 아이들이 청소년이 되었을 때 나타나는 가장 뚜렷한 증상은 '자기결정권 부족'입니다. 부모가 옆에 없거나 지시가 없으면 두뇌가 움직이지 않는 것입니다. 이런 아이들은 스스로 결정하지 못하고 우왕좌왕하면서 스트레스를 받고 분노합니다.

자녀에게 가장 좋은 엄마는 '코치맘'입니다. 도와주지 않고 지켜보는 엄마, 간혹 옆에서 같이 뛰어 주기만 하는 무심한 엄마, 넘어졌을 때 스스로 일어날 때까지 기다리는 냉정한 엄마. 이런 엄마의 아이들은 결정 장애 같은 건 생길 겨를이 없습니다. 그래서 자존감이 높습니다. 어려서부터 자기 결정 연습을 수없이 해 왔기 때문입니다.

 ## 때로는 용감한 혁명가가 되어야 해요

2019년, 입시에 올인하는 상류층 부모들의 이야기를 실감 나게 그린 드라마가 방영됐습니다. 드라마 속에는 부모의 아바타가 되어 공부에서 헤어 나오지 못하는 아이들이 등장합니다. 자신의 욕망을 자녀를 통해 이루려고 갖은 수단을 쓰는 부모와 이런 부모들 사이에서 병들어 가는 아이들의 모습을 생생하게 보여 주었습니다.

그런데 우리는 왜 욕하면서도 똑같은 자신의 모습을 청산하지 못하는 것일까요? 엄마들이 용감하지 못하기 때문입니다. 알면서 실행하지 못하는 것은 용감한 엄마가 우리 사회에 많지 않기 때문입니다.

"남들이 하니까 나도 어쩔 수 없어. 다 우리 아이를 위해서야."

정작 엄마들이 이런 생각을 하는 한 세상은 좋아지지 않습니다. 아이들은 행복하지 못한 어린 시절을 보내고, 부모들은 번 돈을 자녀 교육비로 다 소비해서 OECD 회원국 중 가장 가난한 노인 시대를 맞을지도 모릅니다. 이제 아이를 살리고 엄마들이 살기 위해서는 0~6세 자녀를 둔 엄마들이 혁명의 깃발을 들어야 합니다.

1

0~6세

왜 책과
친해져야 할까?

유아기 1년은 어른의 10년과 같습니다.
0~6세에 형성된 독서 습관이 평생의 습관이 됩니다.

책육아는
두 살배기 아기를
일곱 살배기 아이로 만드는 것이
아닙니다.

많은 지식을 가르쳐서
백과사전 같은 아이로 만드는 것도
아닙니다.

알맞은 시기에
적절한 교육적 자극을 제공해
유연한 두뇌로 만드는
교육입니다.

0~6세 책육아는
행복한 두뇌 만들기

놓치지 말아야 할 **0~6세,** 인생의 **골든타임**

0~6세 책육아란 두 살배기 아기를 일곱 살배기로 만드는 것이 아니고, 어린아이를 어른으로 만드는 교육도 아닙니다. 그렇다고 많은 지식을 가르쳐서 백과사전 같은 두뇌로 만드는 것은 더더욱 아닙니다.

책육아는 어린아이의 몸을 성장시키기 위해 알맞은 영양분을 제때에 제공하듯, 유아의 두뇌 발달을 위해 늦지 않은 시기에 바람직한 자극을 주는 일입니다. 그래서 앞으로 공부도 잘하고 좋은 생각을 많이 할 수 있는 유연하고 좋은 두뇌로 만드는 교육입니다. 그래서 0~6세 책육아를 가리켜 '좋은 두뇌 만들기 프로젝트'라고 말합니다.

그러면 좋은 두뇌란 어떤 상태일까요? 두뇌과학자들은 좋은 두뇌는 '행복한 두뇌'라고 정의합니다. 다음은 미국 버클리대학교 심리학연구소가 발표한 '행복한 두뇌를 가진 사람의 10대 특징'입니다.

- 건강하다. 그래서 늘 기분이 좋고 표정이 밝다.

- 호기심이 많다. 그래서 항상 의욕이 충만하다.

- 어휘력이 풍부하다. 그래서 이해력이 빠르다.

- 집중력이 높다. 그래서 조금만 공부해도 성적이 좋다.

- 판단력이 정확하다. 여유 있게 행동하지만 결단은 빠르다.

- 표현력이 좋다. 그래서 짧게 말해도 설득력이 높다.

- 자존감이 높다. 꾸밈없이 행동하지만, 넘보지 못할 위엄이 있다.

- 좋은 습관을 가졌다. 그래서 다른 사람들의 모범이 된다.

- 유머가 있다. 항상 주위 사람들을 행복하게 한다.

- 겸손하고 성실하다. 항상 감사한 마음으로 세상을 살아간다.

이 열 가지 특징은 자기계발서에 자주 등장하는 성공의 조건이기도 합니다. 물론 이런 사람이라면 학자가 되든, 운동선수가 되든, 사업가가 되든, 정치가가 되든, 사람들의 존경과 사랑을 한 몸에 받으며 행복하게 살아갈 것입니다.

자녀를 이런 사람으로 키우고 싶지 않은 부모가 세상에 어디 있을까요? 그러나 이런 사람이 되려면 그렇게 느끼고, 말하고, 생각하고, 판단하는 것을 결정하는 뇌가 그렇게 하도록 명령을 내려야만 합니다. 좋은 기분, 좋은 생각, 좋은 판단, 좋은 행동을 하도록 명령할 수 있는 두뇌를 소유해야만 합니다.

행복한 두뇌는 **오감이 발달한 두뇌**

"나는 반세기 동안 많은 사람들을 만나 왔다. 이 경험으로 내가 확신하는 것은 머리 좋은 사람들은 전부 감각이 뛰어났다는 사실이다. 감각이란 당연히 동물적인 감각을 의미한다."

세계적인 뇌과학자 오시마 기요시의 말입니다. 그의 연구에 따르면 머리가 좋은 사람들은 다른 사람보다 다양한 냄새를 더 잘 구별하고, '부드럽다' 또는 '거칠다' 등의 촉감도 더 정확하게 느끼며, 음식을 먹을 때도 맛의 차이를 더 잘 알고, 청각과 시각도 뛰어났다고 합니다. 또한 어떤 사람들은 소리만 듣고도 색깔과 형태를 그릴 수 있고, 반대로 색깔이나 형태를 보는 것만으로도 소리나 냄새를 느낄 수 있는데, 이런 현상은 머리 좋은 사람들이 여러 감각을 서로 연계시킬 수 있는 공감각이 발달해 있기 때문이라고 말합니다.

시각, 청각, 후각, 미각, 촉각을 아우르는 오감五感은 우리의 두뇌가 판단을 내리기 전에 세상에 대한 정확한 정보를 두뇌에 제공해 주는 역할을 합니다. 그래서 오감이 정확하게 협조해야만 다양한 생각을 떠올리고, 정확한 판단을 내릴 수 있게 됩니다.

아기는 태어날 때 어른보다 50배나 더 강력한 감각 능력을 가지고 태어납니다. 그리고 세 살까지 이 본능적인 감각을 통해 세상을 읽고 학습합니다. 이때 오감을 골고루, 자주 사용하면 가지치기를 당하지 않고 오감을 보존할 수 있습니다. 그러나 가지치기의 법칙에 의해 사용하지 않는 감각은 도태됩니다. 그렇기 때문에 세 살까지는 아기가 가지고 태어난 오감을 자주 사용할 수 있도록 부모가 도와주어야 합니다.

성공한 사람들은 **느낌이 풍부했던 사람들**

인간의 두뇌는 무언가를 이해할 때 외부로부터 들어온 정보대로 이해하지 않습니다. 외부로부터 들어온 정보는 이미 가지고 있던 배경 지식의 도움을 받아야만 이해 과정에 들어갈 수 있습니다. 그래서 온갖 종류의 배경 지식을 가진 사람이 그렇지 못한 사람보다 더 잘 이해하고, 공부도 더 잘합니다.

그런데 여기에 오감이 작용하면 더욱 신속하고도 정확한 지식을 갖게 됩니다. 즉, 무엇을 이해할 때 지식과 논리로만 이해하려고 하면 어설픈 이해밖에 할 수 없지만, 거기에 본능적인 감각에 각인된 경험이 보태지면 이해는 확실하고도 빠르게 진행됩니다. 예를 들어 초등학교에서 '고소모레하다'라는 단어를 배울 때, 땅콩이나 율무차를 먹어 보게 한 다음에 '고소모레한 맛'을 이야기하라고 하면 누구나 쉽게 표현합니다. 그러나 그런 감각적인 경험을 하지 못한 아이들은 '모르겠다' 혹은 '어렵다'는 반응을 보입니다.

미국 버클리대학교 심리학연구소에서 세계적으로 크게 성공한 사람 600명을 대상으로 조사한 연구가 있습니다. 그들이 성공한 요인에는 창의력이 첫째였고, 두 번째는 감지력이 차지했습니다. 창의력과 성공의 상관관계는 잘 알려진 사실이었지만, 감지력과 성공의 관계는 생소한 결과였습니다. 연구에 따르면, 느낌이 약하면 마음이 동하지 않고, 마음이 동하지 않으면 몸속의 에너지가 일어나지 않으며, 에너지가 일어나지 않으면 사람은 행동을 하지 않기 때문에 감지력이 성공의 중요한 요인이라는 것입니다. 그러면 우리 아이를 어떻게 감각이 뛰어난 사람으로 키워 낼 수 있을까요?

인간의 감각은 3세 이전에 가장 활발하게 발달합니다. 그러나 감각은 머리카락이 자라는 것처럼 가만히 두어도 발달하는 것이 아닙니다. 많은 체험을 시키고 자극을 주어야 합니다. 이때 엄마가 이것저것을 만지게 하고, 보게 하고, 듣게 하고, 맛보게 한 아이와 그렇지 못한 아이의 감각 능력에는 큰 차이가 벌어집니다.

뉴런과 가지치기의 법칙

모든 아기는 두뇌 발달에 중요한 신경 세포, 뉴런을 1,400억 개 정도 가지고 태어난다. 생후 8개월에 가장 많고, 그 이후론 대체로 감소한다. 뉴런을 연결하는 시냅스는 만 3세까지 필요한 시냅스의 150~200%까지 만들어진다. 그러나 그 뒤로 사용되지 않는 시냅스는 사라지게 된다. 이것이 바로 '가지치기'이다. 두뇌 발달이 적절하게 이루어지기 위해서 유아기에 해당 자극을 주어야 하는데, 이때 자극이 없어 가지치기가 너무 많이 일어난다면 두뇌 발달이 지연되어 우둔한 두뇌가 되고 만다.

2

빈부 격차는
0~6세 책육아에서 시작된다

책은 가장 **평등한 배움의 방법**

"스웨덴이 조기 독서교육에 매년 수백만 달러를 쏟아붓는 이유는 독서 능력이 곧 민주주의 실현 방법이라고 믿기 때문입니다. 독서는 모두가 같은 조건에서 실현할 수 있는 배움의 방법이자 자아실현의 수단입니다. 금수저도 흙수저도 독서에서는 평등합니다. 책은 가정 환경에 따라 반응하지 않습니다. 오직 학생의 독서 능력에 따라 공정하게 반응합니다."

2019년 예테보리 국제도서전에서 개최국인 스웨덴의 문화부 장관 아만다 린드가 한 말입니다. 지구 곳곳에서 일어나고 있는 부익부 빈익빈 현상에 대한 스웨덴식 대책이 바로 '조기 독서교육'이라는 것입니다.

조기 독서교육은 21세기 들어서면서 전 세계 독서학자들 사이에서 가장 활발하게 연구된 과제였습니다. 미국 카네기재단의 보고서에 따르면, 7세 미만의 미국 유아들 중 60%만이 부모로부터 책 읽어 주는 교육을 받으며 자란다고 합니다. 그중 부유층 아기들은 88%가 독서를 경험하지만, 빈곤층 아이들은 12% 정도만 경험했습니다. 연구자들은 이런 독서교육의 차이가 장차 학력의 차이를 만들어 내고, 학력의 차이는 경제적 차이를 만드는 중요한 요인이 될 것이라고 전망했습니다.

산업 사회에서는 학력의 차이가 절대적인 경제적 차이를 가져오지는 않았습니다. 안전한 기업의 일원이면 누구나 비슷한 경제적 지위를 가질 수 있었기 때문입니다. 그러나 21세기 지식 정보화 사회에서는 지식의 차이가 경제의 차이와 직접 연결됩니다.

0~6세 아기를 위한 사회의 배려

미래학자들의 말을 들으면 더욱 긴장하게 됩니다. 미래 사회는 상류층 10~15%, 하류층 85~90%로 재편될 전망이라고 합니다. 물론 이런 사회는 바람직한 사회가 아닙니다. 그래서 지구촌 곳곳의 정치가들은 모든 학생들의 두뇌 발달이 골고루 이루어지도록 교육의 기회 균등을 강조해 왔습니다. 그리고 교육 선진국에서는 공평한 기회를 제공하는 해결책으로 유아 독서교육을 선택했습니다.

1992년에 시작된 영국의 북스타트BookStart 운동은 유아 독서교육을 통한 두뇌 개발의 기회 균등 운동입니다. '인생을 책과 함께 출발하기'라는 캐치프레이즈를 내걸고, 태어난 지 6개월 된 아기들을 데리고 보건소로 예방주사를 맞히러 오는 엄마들을 상대로 시작되었습니다. 먼저 아기에게 읽어 줄 책을 제공하고, 프로그램에 따라 유아 독서교육에 대한 기본 지식과 방법을 알려 준 것입니다.

미국은 교육개혁법인 '낙오방지법No Child Left Behind'을 통과시킨 뒤에 학습 능력이 뒤처지는 아이들에게 책읽기를 권장하고, 정부 차원에서 '책 읽어 주는 아빠 운동'이나 '이야기 들려주는 엄마 운동' 같은 민간 운동을 지원하고 있습니다. 또 '텔레비전 1시간 끄기 운동'을 벌여 어른들의 독서도 권장합니다.

우리나라도 2003년부터 북스타트 운동을 벌여 공공 도서관, 보건소, 주민자치센터 등에서 신생아들에게 그림책이 든 꾸러미를 선물하고 있습니다.

공부 잘하는 학생들의 **6가지 특징**

지난 20여 년 동안 고학력·중산층 이상의 가정에서 자란 아이들이 저학력·저소득층 가정의 아이들에 비해 성적이 좋고, 일류 대학에 진학하는 비율이 뚜렷이 높았습니다. 사회 일각에서는 그 원인을 부유층 아이들이 학원 수강을 많이 한 결과로 판단함에 따라 1980년대부터 학원이 밀집한 지역으로 교육 인구가 이동하는 이른바 '강남 중후군'이 시작되었습니다.

부익부 빈익빈 사회, 가난의 대물림 사회에 대한 심각성이 국민 대부분을 절망과 분노 속으로 몰아넣자, 정부는 이를 해결하기 위해 갖가지 부동산 정책을 20여 년 동안 쏟아냈습니다. 그러나 정부의 정책을 비웃기라도 하듯 부익부 빈익빈 사회는 한층 심화되었습니다.

한국교육개발원KEDI은 2002년에 당시 고등학교 1, 2학년 학생 가운데 3년 연속 성적이 상위 10% 안에 드는 학생들의 학습 성향을 조사해 보았는데, 다음과 같은 점을 발견했습니다.

1. 유아기에 독서 습관을 길렀다.
2. 자기주도적 학습 능력을 가지고 있다.
3. 공부하는 것이 즐겁다.
4. 문학책을 즐겨 읽는다.
5. 질문을 많이 한다.
6. 사회적 상황에 관심이 많다.

이 연구 결과를 보면 한국형 공부 잘하는 학생들의 모습이 눈앞에 그려집니다. 어려서부터 책을 많이 읽어 독서 능력이 풍부한 학생, 그래서 책을 읽으면 이해가 빠르고 기억이 잘 되어 공부가 즐거운 학생, 그러니 학원에 가서 수업을 듣는 것보다 혼자 조용히 공부하는 것이 효과적인 학생, 궁금한 것이 많아 질문을 통해 하나를 배우면 열을 아는 학생입니다.

이 연구 결과에 따라 한국교육개발원은 '학력의 차이를 만드는 것은 단순히 부모의 학력이나 경제력이 아니라, 학력이 높고 경제력이 높은 부모가 그렇지 못한 부모보다 자녀의 독서교육에 관심이 많았기 때문이다.'라는 결론을 내렸습니다.

부익부 빈익빈의 원인은 책육아에 있다

- 책과 신문을 가까이해야 부자의 길로 들어설 수 있다. (워런 버핏)
- 오늘의 나를 있게 한 것은 우리 마을 도서관이었고, 하버드대학교 졸업장보다 소중한 것은 독서 습관이다. (빌 게이츠)
- 보물섬을 약탈한 해적선보다 더 많은 보물이 책 속에 들어 있다. (월트 디즈니)

누구나 부러워할 만큼의 부를 이루어 낸 인물들은 위와 같이 고백했습니다. 그도 그럴 것이, 독서와 부의 상관관계에 대한 유의미한 연구 결과들을 보면 알 수 있습니다.

한국경제연구원KERI은 '독서의 경제적 영향'이라는 보고서에서 국가

별 연평균 독서량이 미래 성장률 및 글로벌 경쟁력과 직결된다고 밝혔습니다. 그리고 한국직업능력개발원KRIVET은 2005년부터 2017년까지 12년간의 조사 연구를 통해 독서량이 많은 아이들은 부모의 학력과 소득 수준을 극복해 계층 상승을 이루었다고 보고했습니다. 책을 많이 읽는 학생들이 대기업과 공기업, 외국계 기업에 취업한 비율도 상당히 높았고, 고등학생 때 1년에 11권 책을 읽은 학생과 0권 읽은 학생의 평균 연봉 차이도 200만 원이나 되었다고 합니다.

또한 미국 브리검영대학교 연구팀이 미국의 청소년 추적 연구 데이터를 활용하여 발표한 논문 '자녀에 대한 부모의 시간 투자 효과'에 따르면, 부모가 일주일에 30분 더 책을 읽어 주면 자녀의 연봉이 5,000달러 정도 오른다고 합니다.

이런 연구 결과들이 말하고 있는 것은 독서 격차가 경제적 격차를 만든다는 사실입니다. 이제 땅과 아파트 같은 부동산을 물려줌으로써 자식이 잘살 수 있는 시대는 지났습니다. 좋은 두뇌를 만들어 주어야 하는 사회가 되었습니다. 좋은 인생은 좋은 두뇌에서 시작되고, 좋은 두뇌는 0~6세 책육아에서 시작됩니다.

3

0~6세 책육아,
성공의 열쇠를 쥐어 준다

책을 읽어 준 아이들은 **왜 공부를 잘했을까**

영국의 북스타트 운동은 6년 뒤에 뚜렷한 결과로 나타났습니다. 북
스타트 운동에 참여했던 지역의 아이들이 그렇지 않은 지역의 아이들
보다 학습 능력에서 30% 정도 앞섰습니다. 이런 결과로 북스타트 운동
은 영국의 모든 지역을 비롯하여 프랑스, 미국, 핀란드 등 세계 각국으
로 퍼져 나갔습니다. 그냥 집에서 책을 자주 읽어 준 것뿐인데 유아들
의 학습 능력이 왜 높아졌을까요?

미국 미시간대학교의 심리학과 교수 리처드 니스벳은 '아주 사소했

지만 유아 시절 가정의 인지 문화에 그 답이 있다.'고 말합니다. 전문직 부모를 둔 아기는 한 시간에 2,000개 정도의 단어에 노출되지만 그렇지 않은 아이들은 1,300개 정도의 단어에 노출된다고 합니다. 그래서 세 살만 되어도 3,000만 개의 단어를 듣고 자란 아이와 2,000만 개밖에 듣지 못하고 자란 아이들이 생겨난다는 것입니다. 이런 결과를 통해 리처드 니스벳 교수는 주장합니다.

"유아의 어휘력과 미래 학습 능력은 비례한다. 미래의 학습 능력의 차이는 전적으로 부모의 책임이다."

한국독서교육개발원KREDI도 우리나라 초등학생 학부모 5,000명을 대상으로 유아기의 독서 경험을 조사한 적이 있습니다. 1세부터 6세까지 부모가 책을 매일 읽어 준 아이들과 가끔 읽어 준 아이들을 조사한 결과 매일 읽어 준 아이들이 가끔 읽어 준 아이들보다 학교 성적이 월등히 높았습니다.

경험을 많이 한 아이는 **이해력이 높다**

언어학자들은 '어휘력이 세상의 한계, 인생의 한계'라는 말을 합니다. 사람은 자신의 머릿속에 저장되어 있는 어휘만큼만 이해하고, 느끼고, 생각하고, 행동할 수 있기 때문입니다.

미국의 한 유치원 교사가 세인트루이스 빈민가에 사는 네 살배기 아이들에게 '비행기'라는 단어를 가르쳐 주었습니다. 그런데 아이들 모두 이해할 수 없다는 표정을 지었습니다. 어느 날 교사가 비행장으로 데리고 가서 비행기를 보여 주자, 아이들은 그제서야 이해할 수 있다는 듯 고개를 끄덕였습니다.

이 교사는 공항에서 멀리 떨어진 도시의 부촌 아이들에게도 '비행기'라는 단어를 가르쳐 주었습니다. 비행기를 타 보거나 그림책으로 본 아이들은 모두 이해할 수 있다고 머리를 끄덕였습니다.

여행을 많이 한 아이, 동물원이나 박물관을 가 본 아이들은 그런 경험이 없는 아이들보다 학교에 들어갔을 때 선생님의 말을 잘 이해하고 기억합니다. 그런데 여행이나 박물관 관람처럼 시간과 돈을 필요로 하는 경험은 누구에게나 허락되는 것은 아닙니다. 이런 이유로 값진 경험을 길러 주기 위한 책육아가 필요합니다. 책은 가장 짧은 시간에 가장 싼 값으로 간접 체험을 할 수 있는 경험의 보물 창고입니다.

책을 통해 쌓은 엄청난 양의 배경 지식과 어휘량은 이해력을 높여 줍니다. 그리고 이해력이 높은 아이들은 핵심 파악 능력이 좋아 무엇이든 쉽고 재미있게 배웁니다. 어휘력은 이해력 중에서도 상황 맥락을 파악하는 심층 독서 기술을 높여 주어 책을 읽을 때 더 많은 정보와 의미를 터득하고 기억할 수 있습니다.

엄마가 책을 읽어 주면, 일상생활에서는 배울 수 없는 고급 어휘를 습득하게 됩니다. 일상의 대화는 생활 어휘 중심이지만, 책에는 개념 어휘, 학문 어휘, 문학 어휘까지 들어 있기 때문에 아이의 두뇌 창고가 고급 어휘들로 채워집니다. 그래서 0~6세에 부모가 책을 많이 읽어 준 아이들은 풍부한 어휘를 바탕으로 하나를 가르쳐 주면 열을 아는 좋은 두뇌로 성장합니다.

어린 시절에 좋은 책을 읽고, 많은 어휘를 접하는 것이 행복한 인생을 준비하는 지름길입니다.

자존감 교육의 지름길, 책 속에 있다

세상에 나올 때부터 자존감을 가지고 태어나는 아이는 없습니다. 자존감은 2~3세에 싹트기 시작하여 초등학교 저학년인 10세경에 70% 정도 결정되는 후천적인 능력입니다.

'나는 씩씩한 남자야.', '나는 착한 아이야.', '나는 사랑받고 있어.', '나는 참 예쁜 아이야.' 3~4세가 되면 아이들은 여러 경로를 통해 이런 자기 개념을 갖게 됩니다. 그런데 자기 개념은 단순한 이미지에 그치지 않고 그 사람의 행동에 영향을 줍니다. '나는 친절한 아이'라는 개념을 갖게 되면 친절하고 상냥하게 행동하려고 노력합니다.

엄마의 웃는 얼굴을 자주 대한 아이, 사랑을 듬뿍 받으며 자란 아이, 엄마와 원활한 의사소통을 하며 자란 아이는 자존감이 높습니다. 반면에 엄마의 찡그린 얼굴을 자주 본 아이, 냉정한 엄마 밑에서 자란 아이, 일방적 지배 하에 자란 아이는 자존감이 낮습니다.

그런데 부모의 학력이 높고, 경제적으로 풍요롭고, 사랑이 충만한 가정에서 자란 아이들이 모두 자존감 높은 사람이 되는 것은 아닙니다. 예를 들어 운동회에서 달리기 꼴찌를 했는데 '참 잘했다!'고 한다고 해서 자존감이 살아나지는 않습니다. 아이의 자존감은 무조건의 칭찬보다는 성공의 경험에서 싹틉니다.

최숙희의 그림책 〈괜찮아〉에는 스스로 자기 장점을 찾아내어 "괜찮아! 나는 세상에서 가장 크게 웃을 수 있어!"라고 외치는 꼬마가 나옵니다. 이런 그림책을 감상한 유아들은 자기 장점이 무엇인가 곰곰이 생각하게 됩니다. 또, 레오 니오니의 그림책 〈프레드릭〉은 자신의 개성을 발견하는 과정을 통해 자존감을 기를 수 있게 도와줍니다. 이같은 독서 경험이 쌓일수록 유아의 자존감은 탄탄해집니다.

공감 능력을 기를 수 있는 책 속의 세상

공감은 두뇌 속에 있는 거울 신경계에서 일어납니다. 거울 뉴런Mirror Neuron은 우리가 본 것과 느끼는 것 사이를 연결해 주는 생리학적 역할을 하는 세포인데, 우리가 다른 사람들의 표정, 시선, 몸짓, 태도를 볼 때 감정이입을 일으켜 마치 나의 일처럼 공감하게 해 줍니다.

공감 능력은 특히 또래 집단에 편입하게 되는 어린이들에게 중요합니다. 타인의 생각과 느낌을 알아채고 공감하는 능력이 부족하면 상대방의 입장을 이해하지 못하기 때문에 의사소통이 원활하지 않으며, 공감대가 형성되지 않아 친구를 사귀는 데 어려움을 겪습니다.

일반적으로 무뚝뚝한 표정을 가진 부모의 아이들은 무표정한 얼굴이 될 가능성이 두 배 이상 높습니다. 인정 없는 부모를 둔 아이는 그런 아이가 되기 쉽고요. 이런 이유로 부모나 보모 역할을 하는 할머니, 할아버지, 어린이집이나 유치원의 선생님은 높은 공감 능력의 소유자가 되어야 합니다. 마음이 따뜻한 사람, 표정이 밝은 사람이 아이를 돌보아야 공감 능력에 긍정적인 결과를 가져오기 때문입니다.

어린이집이나 유치원을 오가는 유아들의 단조로운 생활 속에서 다양한 사람을 골고루 만나기는 쉽지 않습니다. 그래서 필요한 것이 책읽기입니다. 책 속에는 등장인물이 겪는 희노애락의 감정이 고스란히 드러나 있습니다. 이야기를 따라가며 주인공의 감정 변화를 느끼고, 자신의 일인 것처럼 감정이입을 하게 됩니다. 아름다운 표정을 짓는 주인공, 부드러운 마음의 주인공들이 해피 엔딩을 맞을 때 공감 능력은 더욱 향상됩니다.

로버트 먼치 글, 안토니 루이스 그림의 〈언제까지나 너를 사랑해〉는 공감 능력을 기르기에 좋은 책입니다. 아기들은 아직 어려서 엄마의 마음을 충분히 이해하지는 못합니다. 그런데 책 속의 엄마가 아기에게 자장가를 불러 주는 모습을 통해 어린 독자들은 책 속 엄마의 마음을 어렴풋이 느끼고 알아차립니다. 이런 느낌과 이해는 공감 능력의 바탕이 됩니다.

책 속 주인공이 **자기조절능력을 길러 준다**

자기조절능력은 비교적 빠른 나이에 형성됩니다. 이미 네 살이면 이 능력을 가진 아이와 그러지 못한 아이가 나타납니다. 자기조절능력에 대한 실험으로 가장 유명한 실험은 미국 스탠포드대학교 연구팀의 마시멜로 실험일 것입니다.

연구팀은 네 살 아이 20명을 모아 놓고 마시멜로를 한 개씩 주면서 말했습니다. 연구진이 돌아올 때까지 먹지 않고 참는 사람에게는 마시멜로 두 개를 더 주겠다고요. 연구진이 나가서 실험실을 들여다보니 아이들은 먹고 싶은 충동을 조절하느라 다양한 방법을 쓰고 있었습니다. 마시멜로를 안 보려고 등 뒤로 감추고 있는 아이도 있고, 유혹을 참느라 눈을 감거나 고개를 흔들어 대는 아이, 침을 꼴깍꼴깍 삼키며 괴로워하는 아이도 있었습니다. 그러나 15분 뒤에 들어갔을 때 7명만 마시멜로를 손에 들고 있었습니다.

연구팀은 이 아이들을 15년간 추적하는 연구를 계속했습니다. 그 결과, 끝까지 마시멜로를 먹지 않고 자신을 조절할 수 있었던 아이들은 다른 아이들에 비해 즐겁게 공부했고, 더 좋은 학교로 진학했습니다. 그들은 스트레스 상황을 잘 견뎌 냈고, 자기 자신을 신뢰했고, 누구보다 자신감이 넘쳤으며 독창적으로 일을 펼쳐 나가며 성공적인 삶을 살고 있었습니다.

자기조절능력은 유아기 때 가정에서 길러집니다. 그런데 핵가족, 맞벌이 부부, 외동아이, 어린이집 등 닫힌 환경 속에서 양육되는 요즘 아이들은 예전의 아이들보다 불리한 입장에 놓여 있습니다. 할머니, 할아버지, 삼촌, 고모의 역할이 없어지고, 아빠와 엄마 대신 보육교사가 교육을 책임지고, 형제자매 대신 게임이나 동영상이 아이들의 상대가 되고 있습니다. 한층 더 위험한 것은, 경쟁 사회에서 이기려면 기가 죽으면 안 된다는 믿음 아래 아이의 공격성이나 충동성을 방치하는 부모들이 많다는 사실입니다.

바람직한 롤 모델 없이 자라는 유아들에게 좋은 롤 모델을 제공해 주는 것은 그림책과 동화책입니다. 이지윤 글, 권문희 그림의 〈때리고 싶지만〉은 유아들이 충동 조절을 배우는 데 적합한 그림책입니다. 주인공은 엄마가 동생만 예뻐할 때나 동생이 자신의 옷에 우유를 엎지를 때, 친구가 장난감을 망가뜨릴 때 화가 나서 때려 주고 싶지만 그때마다 신나게 북을 두드립니다. 이런 그림책을 볼 때 유아들은 자연스럽게 자신의 감정을 조절하는 것이 아름다운 일임을 알게 됩니다.

성공한 주인공을 따라 **회복탄력성 기르기**

'소중한 자식일수록 시련을 선사하라.'는 옛말이 있습니다. 역경이야말로 사람을 더욱 튀어 오르게 하는 스프링보드와 같은 역할을 합니다. 공처럼 튀어 오르려면 아래로 떨어져 봐야 합니다. 떨어지지 않고는 튀어 오를 기회도, 방법도 배울 수 없을 테니까요.

모든 일이 술술 풀려 그 어떤 시련도 없었다면 가장 위대한 대통령이라고 칭송받는 링컨도 평범한 시골 변호사로 생을 마감했을 것입니다. 처칠도 작은 사업가로 만족했을 것이고, 이순신 장군에게 시련이 없었다면 말단 군인으로 있다가 정년 퇴직을 했을 것입니다. 역경으로 인해 나락으로 떨어졌다가 튀어 오르는 사람은 처음보다 더 높이 튀어 오르는 법입니다.

4~6세는 실패를 맛보기에 적합한 시기입니다. 집에서는 경쟁자가 없어서 자신이 잘난 줄 알았는데, 어린이집이나 유치원에 들어가 보니

더 잘하는 친구들이 있는 걸 보면 좌절감을 느낍니다. 이때 놀이나 학습에서 실패했다 할지라도 적극적으로 다시 하도록 격려해 주어야 합니다. '나는 못해.' 하면서 자꾸 회피하면 내면의 용기가 사라집니다.

그러나 가정에서 실패를 경험하기란 쉽지 않습니다. 모든 것을 간접 경험을 통해 얻을 수밖에 없습니다. 남미영 글, 김현 그림의 꾸러기 곰돌이 시리즈 중 〈약간 세지 뭐〉는 조그맣고 약한 생쥐가 힘을 보태 문제를 해결하는 이야기입니다. 또, 존 버닝햄의 〈깃털 없는 기러기 보르카〉에서는 남들과 다른 외모를 가진 보르카가 열등감을 극복해 나갑니다. '나는 할 수 없어.'라고 기죽어 있던 아이들은 이런 책을 통해 '할 수 있다.'는 생각과 함께 회복탄력성을 기릅니다.

지나친 칭찬은 자존감을 무너뜨려요

지나친 칭찬을 듣고 자란 아이들은 스스로 '꼬마 천재'라는 부풀려진 자화상을 가질 수 있다. 하지만 자신을 최고라고 부풀려 주었던 부모로부터 떨어져 세상에 나오면 자신의 부족함을 금방 알게 되고, 자존감은 바람 빠진 풍선처럼 쭈그러들고 만다. 과잉 칭찬이 독이 되어 커서도 스스로 자책하고 열등의식 속을 헤매게 된다. 칭찬할 때는 결과보다는 과정을, 구체적인 내용을 들어 칭찬하고 무분별한 보상을 해 주지 않아야 더 탄탄한 자존감을 기를 수 있다.

평생 쓸 독서 습관
0~6세에 만들어진다

세 살 독서 습관 **여든까지**

'세 살 버릇 여든까지 간다.'는 속담이 있습니다. 마찬가지로 세 살 때까지 들지 못한 버릇은 여든까지도 들기 어렵습니다. 실제로 세 살 때까지 독서 습관이 들지 않은 아이는 자라서도 독서를 좋아하지 않습니다. 고기도 먹어 본 사람이 잘 먹는다는 말처럼, 독서도 해 본 사람이 잘합니다. 세 살 때 독서 습관을 들여 놓으면, 책 읽고 공부하는 것은 평생 걱정하지 않아도 됩니다.

모든 것을 우뇌를 통해 흡수하는 만 3세까지는 독서 습관을 들이

기가 무척 쉽습니다. 매일 책을 읽어 주는 것만으로 100% 효과가 있습니다. 그러나 만 3세가 지나면 조금 어려워지고, 만 6세가 지나면 더욱 어려워집니다. 6세까지는 사진 찍기처럼 받아들이는 우뇌의 특성에 따라 이미지나 패턴의 형태로 받아들이기 때문에 받아들인 것을 바로 습득합니다. 만 6세 이후에는 좌뇌를 통해 논리적인 사고를 하기 때문에 "왜 읽어야 하죠?", "재미없는데 읽어야 하나요?" 등등 책을 읽기 싫은 이유를 댑니다. 그래서 6세 전에 독서 습관을 들이는 것이 좋습니다.

6세 전에 기른 습관은 무의식 속에 잠재되어 있다가 우리가 팔다리를 움직이고, 위험이 닥치면 눈을 감는 것처럼 곧장 행동으로 튀어나옵니다. 물론 6세 전에 습관화된 나쁜 행동도 무의식중에 튀어나오기는 마찬가지입니다.

독서 습관이 **집중력까지 길러 준다**

만 2~3세 아이들이 지나칠 정도로 활발한 이유는 무한한 학습 욕구 때문입니다. 이때 하루에 30분씩이라도 흥밋거리를 제공해 학습 욕구를 충족시켜 주면 조금씩 인내심을 배울 수 있습니다. 장난감이나 블록 같은 놀잇감도 좋지만 주변에 재미있어 보이는 그림책을 일부러라도 놓아 주는 것입니다. 책에 흥미를 갖고 이리저리 넘겨 보는 습관이 붙으면 자연스레 집중력도 길러집니다. 아이가 책에 코를 박고 그림이든 글자든 책에 집중하는 것을 보면 그 뒷모습이 학자 못지않게 진지합니다.

우리나라 초등학교에는 수업 시간에 집중하지 못하고 떠들거나 장난치는 아이들이 30% 정도 있습니다. 이 아이들을 조사해 보니, 90%가 어린 시절에 독서 습관을 기르지 못했습니다. 반면에 집중력이 높은 아이들은 대부분 만 6세 전에 독서 습관을 탄탄하게 다진 아이들이었습니다.

독서 습관 들이기를 초등학생 때로 미루는 것은 어리석은 일입니다. 0~6세는 세상을 받아들이는 능력이 가장 강한 골든타임입니다. 이 시기의 아이에게 책을 소개하지 않고 나중으로 미룬다면, 수십 배의 노력으로도 효과를 거두기가 힘들어집니다. 어릴 때 독서 습관이 길러지면 자라서도 책을 좋아하고, 배우는 것에 흥미를 가져 학습 능력이 뛰어난 아이가 됩니다.

매일 독서는 매일 하는 두뇌 훈련

공부를 잘해 국내외 일류 대학에 줄줄이 합격한 학생들을 보면, 하나의 공통점이 있습니다. 어린 시절에 독서 습관을 들여 놓아서 책이 몸에 감긴 것처럼 익숙해져 있다는 것입니다.

실제로 위인들의 어린 시절을 보면, 독서 습관을 갖지 않았던 위인은 찾아볼 수 없습니다. 지금도 마찬가지입니다. 미국 교육과학통계연구소의 보고서에는 '미국의 리더들은 초등학교 때 세계 명작류를 500권 이상 읽었다.'는 통계가 있습니다. 거기에 덧붙여 감옥에 수감되어 있는 중범죄자 집단의 독서량은 리더 집단의 2% 정도로 현저히 낮았다고 합니다.

습관을 만들려면 날마다 읽어야 합니다. '매일 읽는 것'은 '매일 두뇌를 훈련하는 것'입니다. 매일 독서를 통해 훈련된 두뇌는 어휘력과 이해력은 물론 상상력, 비판력, 추리력, 판단력, 창의력, 문제해결력 등의 사고력을 향상시킵니다. 그러나 독서 습관이 들지 않은 아이들은 기억력에 의지해 공부하기 때문에 선생님에게 배운 내용 말고는 그 깊이에 한계가 따릅니다.

매일 책을 읽는 것이야말로 하나를 가르쳐 주면 열을 아는 아이로 만드는 가장 간편하고 확실한 방법입니다.

좋은 추억이 만드는 **친밀성의 법칙**

0~6세 때 책과 관련하여 어떤 기억을 간직하느냐에 따라 책을 대하는 태도가 달라집니다. 책이 많은 집 안, 늘 책을 읽던 부모의 모습, 서점이나 도서관에 갔을 때 느꼈던 설렘, 동네 서점 주인의 친절한 미소. 이같은 기억을 한 가지씩 마음속에 간직한다면 어떨까요? 감기로 누워 있던 어느 날에 동화책을 읽어 주던 엄마의 부드러운 목소리를 기억한다면 어떨까요? 처음으로 내 책을 갖게 되었을 때의 감격스런 기분,

좋아하는 주인공이 생겼을 때의 감동이 더해진다면 생각만 해도 미소가 지어질 것입니다. 이런 추억들은 책과의 친밀도를 높여 줍니다. 이 같은 경험을 많이 한 아이들은 책을 좋아하는 사람이 됩니다.

반면에 책이 없는 집 안, 책을 전혀 읽지 않는 부모, 책을 찢었다가 선생님한테 혼났던 기억 등 책에 대한 감흥이 없거나 불쾌한 기억이 남아 있는 아이들은 책을 좋아하지 않는 사람으로 자랍니다.

한 아이가 책을 좋아하고, 좋아하지 않는 데는 부모뿐 아니라 선생님, 동네 서점 직원까지 영향을 주는 셈입니다. 그뿐만이 아닙니다. 자라난 마을이나 학교, 도시 환경, 국가의 정책도 주요한 원인이 됩니다. 읽고 싶은 책이 없는 학교의 도서관, 서점이나 도서관이라곤 찾아볼 수 없는 건조한 도시의 환경은 책과 친밀도를 만들어 가는 데 부정적으로 작용합니다.

운명의 책이 필요하다

성공한 사람들을 보면 대개 '나를 키워 준 책'이라는 것을 가지고 있습니다. 아브라함 링컨을 키운 책은 〈조지 워싱턴전〉과 〈톰 아저씨의 오두막〉이며, 나폴레옹을 키운 책은 〈로마 제국 흥망사〉라고 합니다. 운명의 책을 발견하면서 책과 더 가까워졌고, 인생의 꿈을 가지게 되었다고 합니다.

감동을 받은 책이 생기면 독서에 대한 흥미는 계속 상승합니다. 반면에 감동받을 만한 책을 발견하지 못한 아이들은 독서에 흥미를 붙이지 못합니다. 이 원리는 아기들에게도 적용되는 것 같습니다. 서울 교보문고에서 강연을 마치고 저자 사인회를 하고 있을 때였습니다. 한 여성이 다가오더니 내 손을 꼭 잡으며 말했습니다.

"우리 아들이 세 살 때 선생님 책 꾸러기 곰돌이 시리즈를 사다 주었는데, 어찌나 좋아하던지 잠잘 때는 껴안고 자고, 할머니 집에 갈 때는 가방에 넣어서 메고 갔어요. 못하게 해도 울면서 가지고 다녔지요. 다른 책을 많이 사다 줘도 그 책만 좋아하면서 초등학생 때까지 보곤 했어요. 아이가 책이라면 그렇게 좋아하더니, 공부도 잘했어요. 지금 서울대 의대 졸업반이에요. 선생님이 키워 주신 것 같아요."

이야기를 듣던 내 눈에 눈물이 어리자, 그 어머니의 눈에도 눈물이 고였습니다. 그 뒤로 나는 흰 가운을 입은 젊은 의사를 보면 아는 사람이라도 되는 양 유심히 바라보는 습관이 생겼습니다.

2

0~1세

자장이야기
시대

자장가는 엄마와 아기의 애착을 튼튼하게 해 줍니다.
작은 그림책으로 책에 대한 흥미도 키워 주세요.

세상의 모든 아기들은
누구나 천재로
태어납니다.

태어나서 첫돌까지 엄마가 할 일은
아기들이 가지고 태어난
천재적인 두뇌의 잠재 능력을
깨워 주는 일입니다.

이야기와 책을 통해
아기의 두뇌를
깨워 주세요.

'사랑한다'고
말해 주세요

낯선 세계에 도착한 **어린 왕자들**

낯선 세계에 막 도착한 신생아는 사하라 사막에 불시착한 생텍쥐페리의 어린 왕자처럼 불안해합니다. 아기들은 이 불안감을 떨쳐 버리기 위해 '나는 안전함'이라는 느낌을 원합니다. 그래서 엄마가 다정하고 부드러운 음성으로 "아가야, 사랑한다. 정말 사랑해."라고 말해 주면, 아기는 엄마에게서 전해져 오는 느낌을 가지고 '나는 안전함'이라는 개념을 두뇌 속에 입력시킵니다.

나이 지긋한 남자를 졸졸 따라가는 새끼 기러기들의 사진을 본 적

이 있나요? 사진 속의 사람은 오스트리아의
동물학자 콘라트 로렌츠이고, 뒤로는 그가 부
화를 도와 태어난 새끼 기러기들입니다. 로렌
츠 박사의 실험실에서 부화한 회색기러기들이
그가 엄마인 줄 알고 그를 졸졸 따라다녔던 것
입니다. 로렌츠는 이 회색기러기들이 처음 보는
움직이는 대상을 쫓는 행동에서 '결정적 시기'
를 발견합니다. 태어난 직후의 한정적인 시기에

©Wikipedia

만 나타나는 새끼 동물들의 이런 학습 양식을 '각인'이라고 부릅니다.

그러나 사람은 기러기보다 영리해서, 자궁 속에서부터 엄마의 목소
리를 기억해 놓았다가 생후 7일이 되면 엄마의 목소리와 다른 사람의
목소리를 구별하고 배냇짓이라는 희미한 미소를 보냅니다. 그러다가
삼칠일생후 21일이 지나면 엄마에게 노골적으로 미소를 짓고, 온몸을 움
직여 친밀감을 나타냅니다. 그것은 '엄마, 사랑해요.' 또는 '엄마, 사랑
해 주세요.'라는, 아기가 엄마에게 보내는 애착 메시지입니다.

애착은 아기의 생존 본능

갓 태어난 아기에게 엄마가 해야 할 가장 중요한 일은 아기를 품에
안고, "사랑해, 아가야. 정말 사랑해."라고 자주 말해 주는 것입니다.
이때 엄마가 깨끗하고, 아름답고, 산뜻한 모습이라면 더욱 좋겠지요.

아기들은 어른의 50배나 되는 강력한 오감을 통해 엄마의 말소리와 얼굴 표정, 냄새를 기억하고 자신의 두뇌에 '인생에 대한 기본 개념'을 입력시킵니다.

"흠, 세상은 아름답고 친절한 곳이야."

"아, 나는 사랑받고 있어. 내 엄마는 아름다운 사람이야. 나는 행운아인가 봐."

이런 자극들이 신생아의 두뇌에 도착하면 아기의 두뇌에서는 긍정적이고 즐겁고 진취적인 역할을 맡은 뉴런들이 맹렬한 활동을 시작합니다. 이로써 아기의 두뇌에 긍정적인 시냅스가 생성되며 엄마와 아기의 애착은 튼튼해집니다.

　그러나 반대로 엄마가 사랑의 신호를 보내 주지 않으면 '세상은 좀 쓸쓸하고 우울한 곳이군.' 하는 자극이 두뇌에 도착하게 되고, 아기의 뇌는 부정적인 시냅스가 생성되며 엄마와 아기의 애착은 불안정해집니다. 그러면 아기는 안정감을 잃고 육체적, 정서적으로 불안한 상태에 놓이게 됩니다.

　아기들은 왜 이렇게 사랑받기를 원할까요? 생명과학자들은 '사랑받는 느낌'은 신생아에게 '안전한 환경의 확보'를 의미한다고 말합니다. 안전한 환경이란 모든 생명체에게 최우선의 과제입니다. 안전함 없이는 생명을 유지할 수 없으니까요.

　갓난아기가 세상에 대한 신뢰감과 행복감으로 어우러진 애착을 발전시키냐, 못 시키냐는 엄마에게 달려 있습니다. 첫돌이 지나기 전에 아기가 세상에 대한 낙관적인 자기 안정을 마련하지 못하면, 애착에 문제가 생겨 비관적인 성격을 형성하게 됩니다. 자고, 눈 뜨면 젖 먹고, 용변 보고, 목욕하는 것이 생활의 전부인 것 같지만 이무렵 아기는 이렇게 엄청난 감각으로 인생을 배웁니다.

　엄마의 '사랑한다'는 말과 아기의 '미소'는 둘의 애착 관계를 견고하게 맺어 주는 시그널입니다. 일단 엄마와 아기의 애착이 단단히 형성되면, 엄마가 보내는 교육적인 자극들이 아기에게 받아들여집니다. 그러나 애착이 형성되지 않으면 아기는 엄마에게서 오는 자극을 받아들이지 않고 거부합니다.

애착의 대상을 통하여 **세상을 배운다**

아기들은 일단 1차 양육자인 엄마와 애착을 형성하고 나면 그 애착 대상자를 통해 세상과 교류하기 시작합니다. 아기와 엄마의 애착이 견고하면 할수록 엄마가 보내는 교육적 자극들이 아기에게 쉽게 스며듭니다.

그런데 요즘 엄마들은 과거 어느 시대의 엄마들보다 애착 형성에 불리한 입장에 있습니다. 직장맘이라면 아기와 마주할 시간이 적은 것은 물론이고, 애착을 방해하는 각종 미디어들이 주위에 산재해 있기 때문입니다.

부산에 사는 30대 엄마는 뽀로로와 아기 상어 때문에 아들과 애착 형성에 문제가 생기지 않을까 걱정입니다. 첫돌이 지난 아들이 얼마 전부터 엄마가 직장에서 돌아와도 본숭만숭하며 텔레비전에 나오는 화면만 쳐다보고 있다는군요. 아기를 위해 신청해 놓은 영상 서비스가 애착을 방해하게 되리라고는 생각을 못한 것입니다.

기계음에 오랫동안 노출된 아기들은 나중에 커서 엄마의 목소리보다 익숙한 기계음을 더 좋아하게 됩니다. 애착이 방해받으면서 엄마의 영향력은 점점 약해지고, 세상과의 통로는 엄마가 아닌 전자 기기로 대체됩니다. 요즘 10대들이 사람들과 직접 교류하는 것보다 온라인 공간을 더 편하게 생각하고, SNS와 유튜브 동영상으로 소통하는 것도 어릴 때 디지털 매체에 과하게 노출시킨 양육 패턴으로부터 기인된 것이라는 연구들이 나오고 있습니다.

아기들은 **명랑한 엄마를 좋아한다**

소아과 의사들에 따르면, 정서적으로 불안정한 상태에 놓인 아기들은 각종 질병에 노출될 확률이 매우 높다고 합니다. 특히 자주 놀라고, 배탈이 잦고, 감기에 잘 걸리며, 불안한 정서가 계속되면 사랑을 감지하거나 사랑의 감정을 생성하는 대뇌 변연계에 지장이 생겨 우울한 성격으로 자랄 가능성이 크답니다.

한국독서교육개발원의 이메일 조사 연구에 협조해 주는 전국의 연구 파트너 중에 시청 공무원으로 근무하는 30대 엄마가 있습니다. 그 엄마는 육아 문제로 매우 힘들어했습니다. 아기와 충분히 놀아 주지 못해서 미안한 마음에 퇴근길 버스 안에서 소리 없이 울곤 했는데, 집에 도착해 아기를 안는 순간에는 죄의식에 사로잡혀 거의 울먹인다고 합니다. 그분의 이메일을 읽고 나는 다음과 같은 답신을 보냈습니다.

"아기에게는 울음 섞인 목소리보다는 경쾌하고 활발한 목소리가 더 좋습니다. 아기들은 강력한 오감으로 엄마의 슬픔을 고스란히 받아들입니다. 엄마의 슬픈 감정이 아기에게 죄의식을 느끼게 하면 어쩌지요? 다 자기 때문이라고……."

소아과 의사들은 엄마의 말이 아기에게 최면 효과를 일으킨다고 말합니다. 엄마의 말 속에 담긴 한숨 섞인 감정은 아기에게 '세상은 슬프고, 억울하고, 불행한 곳이구나.'라는 인식을 새겨 넣습니다. 두뇌가 그렇게 인식하면 신체 발달에도 부정적으로 작용해 각종 질병이 침입하기 쉬운 체질이 될 수 있습니다.

반면에 항상 밝고, 즐겁고, 행복한 상태에 있는 엄마들은 환한 표정으로 행복이라는 최면을 겁니다. 그러면 아기는 자신의 두뇌 속에 '세상은 행복한 곳이구나.'라고 새겨 넣기 때문에 건강하고 왕성한 신체 발달을 보입니다. 설사 지금 당장 즐겁지 않아도 엄마들은 아기에게 그렇게 해야 합니다. 엄마의 사랑을 듬뿍 받고 자라는 아기들의 건강과 체력이 그렇지 못한 가정에서 자라는 아기들에 비해 월등한 것은 널리 알려진 사실입니다.

직장맘이 아기를 사랑하는 방법

1. 양보다 질 하루에 30분이나 한 시간밖에 놀아 주지 못해도 최대한의 노력을 기울인다. 아기들은 선천적인 감각으로 엄마의 마음을 감지하고 안정을 찾는다.
2. 아빠의 도움을 충분히 받자 사랑도 균형이 필요하다. 엄마의 사랑만 받고 큰 아기는 여성성만 강조된다. 이는 딸에게도 아들에게도 바람직하지 않다.
3. 부모 다음으로 좋은 양육자는 조부모 아기들은 같은 유전자를 많이 가진 양육자의 품에서 더 안정을 느낀다. 조부모는 부모 다음으로 유전자의 일치도가 높은 사람들이다. 조부모의 도움도 충분히 받도록 한다.

행복한 두뇌로 만들어 주는
엄마의 자장가

아기들은 **선천적인 음악가**

아기를 그냥 재울 때와 자장가를 부르면서 재울 때, 아기의 표정이
다릅니다. 자장가 없이 재울 때는 무표정하거나 조금 찡그린 얼굴로
잠들던 아기도, 자장가를 불러 주면 행복한 미소를 머금은 채 잠이 듭
니다. 그리고 더 오래오래, 쌔근쌔근 잠이 들지요. 마치 자장가 속에
잠 오는 약이라도 들어 있는 것처럼요.

소아과 의사나 유아교육학 교수들의 연구를 종합해 보면, 자장가
속에는 아기들에게 행복을 주는 몇 가지 요소가 함유되어 있습니다.

첫째 요소는 자장가의 음악성입니다. 아기들은 뛰어난 음악가들입니다. 어느 시대, 어느 나라에서 태어나든 불협화음이나 불규칙한 음을 좋아하는 아기들은 없습니다. 불협화음을 들으면 두뇌에 스트레스 물질이 분비되어 불안한 상태에 놓이게 되지만 부드럽고 달콤한 음악을 들려주면 아기들은 기분이 좋아 안정감 속으로 빠져듭니다. 그것은 워싱턴의 부촌에 사는 아기든, 아프리카 빈민촌에 사는 아기든 마찬가지입니다.

둘째 요소는 자장가의 자연 친화적인 음향입니다. 대부분의 아기들은 시인과 같아서 자연을 닮은 소리와 풍경을 좋아합니다. 자장가 속에는 물 흐르는 소리, 나뭇잎이 바람에 나부끼는 소리, 햇빛이 꽃잎을 간지르는 느낌 같은 자연의 소리와 감각이 들어 있습니다. 이런 아름다운 소리와 느낌은 아기들에게 기쁨을 선사합니다.

셋째 요소는 자장가 속에 들어 있는 엄마의 마음입니다. 한국독서교육개발원의 연구 파트너 엄마들을 통해 알아본 결과, 엄마들은 자신이 행복할 때는 자장가를 부르지만, 불행하다고 생각되면 자장가를 부르지 않는다고 합니다. 그러니까 뿌루퉁한 얼굴을 하고 자장가를 부르는 엄마는 없다는 말이지요.

아기들은 뛰어난 감각으로 자장가 속 엄마의 마음을 읽습니다. 그래서 엄마가 자장가를 부르면 행복하게 잠이 듭니다. 행복한 엄마가 옆에 있다는 것 자체가 아기를 잘 자게 만드는 요소인 셈입니다.

엄마 배 속에서 자장가를 들은 아이들은 덜 운다

2017년에 영국의 일간지 텔레그래프는 엄마 배 속에 있을 때 자장가를 들은 아기는 그렇지 않은 아기보다 훨씬 덜 운다는 밀라노대학교의 연구 결과를 보도했습니다.

연구진은 임신 중인 여성 168명을 두 그룹으로 나눠 한 그룹에는 출산 전후 수개월 동안 자장가를 부르게 하고, 다른 그룹에는 전혀 부르지 않도록 했습니다. 그 결과 엄마가 자장가를 많이 불러 준 아기들의 경우 태어나서 첫 한 달의 18.5%를 울면서 보냈으나 그렇지 않은 아기는 그 시간이 28.2%나 되었습니다.

한편, 아기가 아플 때도 자장가로 인한 차이가 확연했습니다. 자장가를 부른 엄마에게서 태어난 아이는 배앓이를 할 때 우는 시간이 그렇지 않은 아기보다 훨씬 적었습니다. 또, 한밤중에 깨어나 우는 빈도도 그렇지 않은 그룹보다 낮았습니다.

이런 결과에 대해 연구진은 배 속에서 들었던 엄마의 자장가가 태어난 후에까지 유대감 형성에 큰 영향을 미쳤고, 아기의 행동과 정신 건강에도 긍정적으로 작용한 증거라고 밝혔습니다.

한국 엄마들의 **15%만 자장가를 부른다**

'자장가 불러 주는 엄마'는 오랫동안 많은 학자들의 연구 대상이었습니다. 미국 카네기연구센터에서 실시한 연구 보고서에 따르면, 스웨

덴이나 덴마크의 엄마들은 75%가 자장가를 불러 주고, 미국 엄마들은 50%, 일본 엄마들은 30%가 자장가를 불러 준다고 합니다.

그런데 한국독서교육개발원이 조사한 연구에서 우리나라 엄마들은 15%만이 자장가를 불러 주는데 그것도 '가끔 불러 준다.'고 응답했습니다. 이런 국가 간의 통계로 볼 때, 삶의 만족도가 높은 나라일수록 자장가를 불러 주는 엄마들이 많다는 사실을 알 수 있습니다.

더 놀라운 사실은 세상 쉬운 자장가 부르기에도 엄마의 학력과 경제력이 차이가 난다는 것입니다. 우리나라의 경우 고학력·중산층 이상의 엄마들 가운데 자장가를 불러 주는 엄마는 30% 정도였는데, 저학력·저소득층 엄마들 중에 자장가를 불러 주는 엄마는 겨우 2%밖에 되지 않았습니다.

자장가에 **아기 이름을 넣어 불러 주자**

우리나라에는 예부터 전해 오는 자장노래들이 많습니다. 가무를 즐긴 우리의 선조들은 특히 많은 자장노래를 남겼습니다. 자장노래의 리듬은 단순하고 반복적이지만 배 속에서 들었던 엄마의 심장 소리와 박자가 비슷한 걸 알 수 있습니다.

자장자장 우리 아기
잘도 잔다 우리 아기

멍멍개야 짖지 마라
꼬꼬닭아 우지 마라
우리 아기 잠 깰라

자장노래 가사의 '우리 아기' 대신 아기 이름을 넣어서 '우리 서영이', '우리 준호'라고 불러 주세요. 아기는 자신의 이름을 불러 주는 엄마의 음성을 듣고 더욱 행복한 표정으로 잠이 들 것입니다.

자장노래는 아기들에게 훌륭한 독서놀이이기도 합니다. 음악성이 뛰어난 자장가를 들려주면, 노랫말을 통한 두뇌 자극까지 주어 두뇌가 더욱 활발하게 발달합니다.

우리나라에는 자장노래를 20여 편이나 지은 시인이 있습니다. 바로 윤석중 시인입니다. 나는 운 좋게도 20대 후반에 선생님이 운영하던 새싹회에서 일한 적이 있습니다. 그때 선생님에게 여쭈어보았습니다.

"선생님은 자장가를 왜 그렇게 많이 지으셨어요?"

"아, 그거요? 엄마 얼굴이 기억나지 않아서 그래요. 엄마가 나를 낳고 바로 돌아가셔서 외할머니의 빈 젖을 물고 자랐어요. 초등학교 다닐 때, 다른 아이들이 엄마에게 어리광 부리는 것을 보면 엄마 생각이 났어요. 그래서 본 적은 없지만, 엄마를 생각하며 자장가를 지었지요. 지어 놓고 입으로 살며시 읽어 보면, 꼭 엄마가 내게 자장가를 불러 주는 것처럼 흐뭇했어요. 그러니까 내가 자장가를 지어 나를 재운 셈이지요. 허허허."

아기의 건강한 수면과 자장가

우리나라 아기 엄마들의 50% 정도가 잠을 안 자는 아기 때문에 고통받고 있고, 미국의 젊은 부부 가운데 30%가 아기 때문에 잠을 못 이룬다고 한다. 우리나라 아기든 미국의 아기든 하루 12~16시간은 잠을 자야 건강하게 자랄 수 있다.

낮 시간에는 아기와 햇볕을 쬐며 간단한 놀이로 시간을 보내고, 저녁에는 따뜻한 목욕과 마사지로 피로를 풀어 준다. 그리고 잠들기 전에 엄마의 목소리로 소곤소곤 자장가를 불러 주자. 포근하고 아늑한 분위기는 아기의 건강한 수면을 도와준다.

3

옹알이,
세상을 향해 띄우는
아기들의 담화

언어 발달의 시작, 옹알옹알 **옹알이**

옹알이는 아기가

세상에 오기 전에 사용했던

천사의 언어

입가에 미소를 돌게 하는 시구절입니다. 많은 엄마들이 아기의 옹알이를 듣고 있으면 무아지경에 빠진다고 합니다. 꼭 엄마가 아니어도 아기의 옹알이를 듣는 사람은 나이나 성격에 관계없이 행복해집니다. 그런데 이 행복 바이러스를 마구 퍼뜨리는 옹알이 현상은 과학적으로 어떻게 해석될까요?

옹알이는 세상 모든 아기들의 만국 공통어입니다. 우리나라 아기나 미국의 아기나 러시아의 아기나 동일한 소리로 옹알이를 합니다. 이제 곧 각 나라의 언어로 엄마를 부르겠지만 옹알이는 동일합니다. 이런 현상에 대해 덴마크의 언어학자인 오토 예스페르센은 '옹알이란 아직 말을 잘 못하는 아기가 조음 기관을 이용해 낼 수 있는 소리를 연습하는 발성 과정'이라고 정의합니다. 즉 옹알이는 신생아들의 발성 연습인 셈이지요. 좀 더 정확히 말하면 구강 근육과 신경이 발달하면서 나오는 목울림소리입니다.

그러나 옹알이라고 항상 같은 톤과 같은 박자를 가지고 있는 것은 아닙니다. 그때그때의 상황이나 반응에 따라 높낮이가 다르고, 박자가 다릅니다. 마치 오페라의 두 주인공이 대화하는 것 같지요.

옹알이에도 **리액션이 필요하다**

태어나서 1개월이 지나면 아기들은 사람을 보며 미소 짓고, 온몸으로 친밀감을 표현하며 다양한 소리를 냅니다. 이때 누군가 옆에서 대답해 주면 아기는 계속 옹알옹알댑니다.

아기들의 옹알이는 엄마 앞에서 가장 힘차게 나오고, 눈이 마주칠 때 더 힘차게 나옵니다. 그러면 엄마는 마치 아기의 말을 알아들은 것처럼 눈을 맞추고 "그래, 우리 아기가 배가 많이 고팠구나." 혹은 "응, 기분이 아주 좋구나." 하며 적극적으로 응대해 주어야 합니다. 응대해 줄 때는 너무 빠른 속도로 말하지 않고, 천천히 단어를 길게 늘어뜨려 말하는 방식이 좋습니다. 아기는 엄마의 입 모양이나 혀의 움직임을 유심히 관찰해 두었다가 그것을 모방하기 때문에 아기들의 발성 연습에 대한 엄마의 화답은 곧 언어 자극으로 이어집니다.

그런데 대답해 주지 않으면, 아기의 옹알이는 금방 힘이 없어지면서 연기처럼 사그라듭니다. 옹알이를 할 때 번번이 무시당한 아기는 일찍이 옹알이를 포기하고 아주 조용한 아기가 됩니다.

옹알이를 많이 할수록 머리가 좋아진다

첫돌 전에 얼마나 많은 언어적 자극을 받았느냐가 아이의 언어 지능 수준을 결정합니다. 말수가 많고 조금은 수다스러운 부모에게서 자라난 아이가 과묵한 부모에게서 자라난 아이보다 기억력이 좋고, 학교에 가서 공부를 잘할 가능성이 40% 정도 높습니다. 또 엄마 아빠만 있는 핵가족 가정에서 자란 아이보다는 대가족 사이에서 자란 아이가 머리가 더 좋다는 통계도 있습니다. 이런 결과들은 첫돌 전 아기의 옹알이에 더 많은 사람들이, 더 많은 화답을 해 준 결과일 것입니다.

첫돌 전의 아기들은 말하는 것, 걷는 것, 밥 먹는 것 등에는 서툴러도 정신적인 발달은 눈부십니다. 엄마를 알아보고, 좋아하는 사람과 싫어하는 사람을 구별하며, 사람을 보면 옹알이를 하고, 이야기를 하면 눈을 반짝이며 듣습니다. 또 엄마나 아빠가 눈을 흘길라치면 삐질삐질 울고, 자애로운 표정을 보이면 행복한 표정을 짓습니다.

옹알이 때 엄마가 아기와 할 수 있는 최고의 책육아는 대화 놀이입니다. 아기의 정신적·지적 능력을 보다 많이 활용하도록 언어 자극을 더 많이 주는 일입니다. 아기들은 아마도 엄마가 그 적절한 시기를 행여나 놓치지는 않을까 걱정되어 옹알이라는 언어 도구를 창안해 냈는지도 모릅니다.

옹알이도 잘 들어 보면 달라요

옹알이에는 두 종류가 있다. 바로 쿠잉(cooing)과 배블링(babbling)이다. 생후 2~3개월경 시작되는 쿠잉은 전혀 알아들을 수 없는 모음 위주의 목울림소리를 말한다. 진정한 옹알이는 생후 7~8개월이 지나 시작되는 배블링이다. 배블링은 자음이 출현하는 옹알이로 마치 단어처럼 들리기도 한다. 아기의 옹알이는 훗날 언어 능력에 영향을 미치기 때문에 어떤 시기이든 간에 엄마의 상호작용을 통해 많이 이끌어 내는 것이 필요하다.

아기는 웃으면서
세상을 배워요

자주 웃어야 **건강한 아기**

아기는 생후 2~3개월이 되면 안아 주거나 어르거나 할 때 온몸으로
까르르 웃습니다. 아기에게 웃음이 갖는 의미는 매우 큽니다. 아이가
웃을 때는 온몸의 근육 활동이 강해지고 혈관근의 긴장이 높아져서
체내의 신진대사가 활발해집니다. 또한 웃음은 아기의 심장에 산소를
공급해 뇌 발달을 도와주는 역할도 합니다.

아기들의 웃음은 세상을 호감으로 받아들인다는 표시입니다. 그
러다 보니 자주 웃는 아기들은 커서 낙천적인 성격이 됩니다. 그래서

'웃음이 많은 아이 중에 건강하지 않은 아이가 없고, 말 못하는 아이가 없으며, 자존감 낮은 아이가 없다.'는 말이 나온 것입니다. 반대로 건강하지 못한 아이, 말을 못하는 아이, 자존감 낮은 아이에게는 웃음이 없습니다.

아기에게서 웃음을 이끌어 낸다는 것은 건강하고 훌륭한 아기로 키우는 지름길이 됩니다. 아빠나 삼촌들 중에는 아기를 웃게 하려고 얼굴을 무섭게 하며 "어흥! 무섭지?" 하거나, 바보 같은 표정을 짓는 경우를 종종 봅니다. 그러나 그것은 좋은 방법이 아닙니다. 오히려 겁을 먹거나 울음을 터뜨릴지도 모릅니다. 아기는 온화하고 밝은 표정을 좋아하기 때문에 험악한 표정을 보고서는 웃지 않습니다.

보살핌과 친밀성의 관계

"생후 1년 안에 사랑을 받지 못하고 자란 아이는 공감 능력에 필요한 생물학적인 요소를 갖추지 못할 가능성이 크다."

미국의 정신과 의사이자 아동 외상 아카데미의 선임연구원인 브루스 D. 페리의 말입니다. 브루스 D. 페리는 어렸을 때 부모로부터 사랑을 받지 못하고 자란 아이들의 사례를 연구했는데, 그 결과 애정과 관련 있는 신경 세포가 제대로 발달되지 않은 것을 발견했습니다. 그래서 '아주 어릴 때 따뜻한 보살핌을 받지 못한 아기는 타인과의 긴밀한 인간관계를 구축할 능력이 떨어진다.'고 밝혔습니다.

미국의 심리학자 존 보울비는 44명의 비행 청소년을 대상으로 조사한 결과, 이 아이들에게 독특한 성격이 공통으로 존재하는 것을 발견했습니다. 다른 사람의 생명이나 재산을 존중해 주는 마음 없이, 범죄 그 자체를 위해 범죄를 저질렀다는 것입니다. 그런데 이 아이들이 자라 온 환경을 보니, 모두가 생후 1년 이내에 어머니에게서 충분한 애정을 받지 못했습니다. 엄마에게서 장기간 분리된 경험이 박탈감, 상실감으로 이어지고, 다른 사람에게 애정을 가질 수 없는 성격을 갖게 된 것입니다.

그런데 역설적으로 우리 어머니 세대에는 '우는 아이를 안아 주면 버릇이 나빠진다.', '많이 울어야 노래를 잘한다.', '밤에 울어도 혼자 두어야 자립심이 강해진다.'라는 '차가운 육아법'이 유행한 적이 있습니다. 그래서 많은 엄마들이 아기를 혼자 재우고, 울어도 그냥 두면서 버릇이 좋아지길 바라고, 독립심이 길러지기를 기대했습니다. 그러나 이후에는 울면 바로 안아 주고, 밤에 아기와 함께 자는 것을 실천하는 따뜻한 육아가 유행하게 되었습니다.

울다 지친 아기는 **배신감을 배운다**

어른들은 아기가 울지 않으면 "아이고, 착하다!" 하며 좋아합니다. 또는 "버릇이 잘 들었네." 하며 기뻐하기도 합니다. 그러나 어른들이 기뻐하는 동안에 아기는 세상을 배우는 일, 세상과 교류하는 일을 배우지 못해 성격적인 결함을 가질 수도 있습니다.

울 때마다 엄마가 달려와서 기저귀를 갈아 주고 이야기도 해 준 아기는 알아차립니다. '아, 불편할 때 울면 세상이 나에게 반응하는구나.'라는 것을요. 그 뒤로는 자꾸만 웁니다. 안아 달라고 할 때도 울고, 배고플 때도 울고, 심심할 때도 웁니다. 이런 아기들은 외부 세계와의 교류가 활발해져서 많은 것을 배웁니다.

울고 있는 아기를 안아 주면 적당한 신경 반사를 통해 자동적으로 아이의 호흡도 돕게 됩니다. 그러면 울고 있던 아기의 호흡이 일시에 편안해지면서 다량의 산소가 심장과 두뇌로 운반되어 폐와 뇌 활동이 왕성해집니다. 우는 아이들이 자지러지면서 얼굴이 새파래지는 것은 호흡이 막히기 때문입니다. 언어 발달에 장애가 있는 아이들 중에 호흡이 고르지 못한 경우가 많은데, 이는 갓난아기 시절에 호흡 방법을 제대로 습득하지 못한 원인도 있습니다.

잠잘 때나 혼자 있을 때 울게 내버려 두면 아기는 자기가 보낸 신호가 무시당한 상태라 어떻게 신호를 보내야 하는지, 어떻게 하면 자신의 마음을 전달할 수 있는지 알 수 없는 상태가 됩니다. 이렇게 절망 상태를 자주 경험한 아기는 차차 외부에 마음 쏟는 것을 포기하고 자기에게만 신경을 쏟게 됩니다.

하루에 30분씩,
아기와 로맨틱한 대화를

하루 30분씩 **아기에게 말 걸기**

응, 먹을 걸 달라고? 그래, 이건 사과란다. 사과는 과수원에서 농부들이 키우는 거야. 그런데 처음에는 파란 과일이 열려. 그리고 가을에는 빨갛게 익어. 이 빨간 껍질 속에 하얀 속살이 보이지? 이걸 먹으면 아삭아삭 소리가 나. 엄마는 어렸을 때 과수원 집 딸이었어. 겨울에 사과 저장고에 들어가면 사과 냄새가 참 향기로웠단다. 외할머니한테 혼나면 그곳에 들어가 숨어 있곤 했어. 달콤하고 싱그러운 향기가 엄마를 위로해 주었거든. 그 속에서 엄마는 이런 노래를 불렀

단다. 동구 밖 과수원 길, 아카시아 꽃이 활짝 폈네…….

아기에게 무슨 수다냐고요? 그러나 이것은 세계 유명 대학들로부터 합격통지서를 받아 부러움을 샀던 한 천재 소녀의 엄마가 아기를 키우면서 했던 말들입니다.

아기가 이런 말을 알아들을까요? 물론 알아듣습니다. 아기는 우뇌를 이용해 잠재의식 속에 고스란히 저장해 두었다가, 나중에 과수원이라는 단어를 배울 때 누구보다도 풍부한 느낌으로 그 단어를 이해합니다. 이 아기가 배울 '사과'나 '과수원'은 다른 아이가 배우는 '사과'나 '과수원'과는 이해의 깊이가 다른 단어가 됩니다.

아기는 엄마의 말을 이해하면서 기억하는 게 아니라, 처음에는 단순한 이미지와 음향으로 잠재의식 속에 받아들입니다. 아기의 이해력이 발달하면 잠재의식 속에 쌓였던, 그러나 지금까지는 의미 없던 말들이 일시에 의미를 갖게 됩니다. 그것은 우리가 아기의 시대를 떠나 어린이의 시대로 들어갈 때 경계선에 벗어 놓고 온 잠재 능력의 힘 때문입니다. 아기들은 그 잠재 능력의 힘으로 두 살만 되어도 언어학자처럼 복잡한 언어를 익힐 수 있습니다.

그런데 '말은 때가 되면 자연스럽게 한다.'는 안이함으로 언어적 자극을 주지 않는 엄마들이 있습니다. 이런 아기에게는 '잠자는 두뇌의 비극'이 일어납니다. 태어나서 6개월 동안 두뇌가 조용히 잠만 잔다면, 다른 아기를 따라잡을 수 없을 만큼 뒤떨어진 상태가 되고 맙니다.

매일, 단둘이서, **로맨틱한 이야기를**

말 걸기 시간에는 세 가지 원칙을 지키는 것이 좋습니다. 아기에게 매일 같은 시간에, 주위를 조용하게 해 놓고 단둘이서, 로맨틱한 이야기로 말을 거는 것입니다.

매일 같은 시간에 말 걸기를 해야 하는 이유는, 아기가 그 특유의 천재적인 감각으로 매일 그 시간을 기다리기 때문입니다. 아기는 달력이나 시계를 볼 줄은 몰라도 천부적인 감각으로 그 시간을 알고 기다립니다.

기다리는 시간에 엄마가 오면 기쁨을 느끼지만, 엄마가 약속을 어기면 배신감을 느낍니다. 엄마를 기다리는 즐거움이 규칙적으로 반복되어야 엄청난 에너지를 발산하며 말하기를 발달시킵니다.

주위를 조용하게 하고 단둘이서 말해야 하는 이유는, 엄마와 아기가 서로에게 집중하기 위해서입니다. 텔레비전을 켜 놓아도 안 되고, 옆에서 아빠나 다른 사람이 참견해도 안 됩니다. 오직 엄마와 아기가 눈을 맞추고 이야기를 해야 합니다. 그러면 아기의 말하기 학습은 더욱 순조롭게 진행됩니다.

로맨틱한 이야기를 나누어야 하는 이유는, 아기가 배울 단어의 내용 때문입니다. 평소에 엄마와 아기가 나누는 대화는 일상적인 단어들로 구성되어 있습니다. 엄마는 거의 매일 '배고프지?', '젖 줄까?', '어머, 똥 쌌네. 에그, 예쁜 똥!', '자, 목욕하자!' 등등 제한적인 단어들을 반복합니다. 그런데 이런 단어들만으로는 아기가 똑똑해질 수 없습니다. 좀 더 폭넓고 차원 높은 고급 어휘를 전달해 넓은 세상을 느끼게 해 줄 필요가 있습니다.

아기와 둘이 있을 때 일상생활과 조금 동떨어진 로맨틱한 이야기로 대화를 이끌어 가세요. 그렇게 하면 아기의 언어 능력도 풍부해지고, 상상력도 무한히 확장됩니다. 로맨틱한 이야기가 생각나지 않을 때는 시나 동화를 읽어 주어도 좋습니다. 내용이 어렵다고 망설일 필요는 없습니다. 아기들은 어차피 이미지 뇌인 우뇌를 통하여 엄마의 말을 고스란히 받아들여 저장해 놓기 때문입니다.

말 걸기는 **잠재의식을 풍부하게 한다**

첫돌 전 아기에게 왜 그렇게 수다스럽거나 쓸데없어 보이기까지 하는 언어적 자극이 필요한 것일까요? 두뇌과학 연구 논문들을 종합해 보면, 이유는 다음과 같습니다.

우리 두뇌의 표면을 둘러싸고 있는 대뇌피질은 뉴런이 모인 곳입니다. 대뇌피질의 가장 바깥쪽은 '신피질'로 이루어져 있으며 현재의식을 담당합니다. 사고, 언어, 판단과 같은 지성과 이성이 머무는 곳으로 천천히 그리고 나중까지 성장하지만, 그래도 만 8~9세 무렵이면 거의 성장을 마칩니다.

대뇌피질의 안쪽에 자리한 '고피질'과 '구피질'은 태아의 두뇌가 성장할 때 가장 먼저 발달합니다. 이곳은 인간의 잠재의식이 머무는 부분으로, 인간의 본바탕이 됩니다. 본능과 감정을 주관하는 곳이며 '기억의 저장소'라고도 합니다.

이 잠재의식과 현재의식의 기능을 비교해 보면, 잠재의식이 현재의식보다 50배 이상 강력한 힘을 가지고 있습니다. 그런데 아이들이 성장해 가면서 현재의식을 담당하는 신피질이 점차 강화되어 본능과 감정 같은 잠재의식을 담당하는 고피질을 억누릅니다. 그러면 잠재의식은 마음 깊은 곳으로 가라앉아 버려, 그 기능이 완전히 억제됩니다.

이런 과정은 인간이 인간다워지기 위해서 대단히 중요한 일입니다. 현재의식, 즉 지성과 이성이 본능과 감정을 억제하기 때문에 인간이 본능대로만 행동하는 것을 막을 수 있게 됩니다.

잠재의식에는 도덕, 선, 악, 위험, 공포 등에 대한 저항이 전혀 없습니다. 그래서 잠재의식에만 맡겨 두면 인간은 본능과 감정의 욕구를 충족시키는 방향으로 행동합니다. 만일 욕구를 충족시키려는 그 욕구가 파괴적이거나 사회적 양심에 어긋나는 것일 경우, 현재의식의 억제력이 미치지 못한다면 그 사람은 범죄를 저지르고 맙니다.

그런데 이 현재의식은 파괴 본능만 억제하는 것이 아니라 기억 기능까지 억제합니다. 6개월에서 첫돌 사이의 아기들은 신피질이 아직 충분히 발달하지 않고 이제 막 성장하기 시작했을 뿐이어서, 잠재의식을 억제하는 힘을 가지고 있지 못합니다. 다시 말하면, 아기들의 고피질은 주위에 기능을 억제하는 벽이나 관문이 아직 없기 때문에 어떤 학습도 쉽게 받아들일 수 있다는 것입니다. 이것이 갓난아기에게 매일 말 걸기를 해야 하는 중요한 이유입니다.

머리는 신줏단지 모시듯 하세요

해마다 수많은 아기들이 어른들에 의해 두뇌에 손상을 입는다. 아기를 거꾸로 들거나, 심하게 흔들거나, 놀라게 하거나, 머리를 부딪치는 일 등이다. 두뇌가 연약한 생후 3세 전 아기의 두뇌에 충격을 주면, 스테로이드 호르몬의 일종인 코르티솔이 증가해 경계와 각성을 담당하는 두뇌 활동을 증대시킨다. 이 물질이 과도하게 증가하면 두뇌의 신경 회로는 사소한 자극에도 극도로 긴장하고 경계 반응을 보이며, 점차 불안·초조·산만함과 충동적인 증후를 나타낸다.

책 찢는 아기에게도
박수를!

아기는 책과의 **친밀성을 그렇게 표현한다**

나의 연구 파트너인 광주에 사는 채영이 엄마는 아기가 책을 함부로 대한다고 걱정합니다. 책을 보여 주면 물고 빨고, 깔고 앉고, 찢기만 한다고 말입니다. 그래서 어느 날 따끔한 맛을 보여 주려고 아기가 책을 찢자마자 손등을 살짝 꼬집었답니다. 그랬더니 아기가 어찌나 서럽게 우는지 안타까웠다고 메일을 보내 왔습니다.

채영이 엄마의 말을 듣고 나도 가슴이 아팠습니다. 엄마 때문이 아니라 채영이 때문입니다. 책이 좋아서 가지고 노는데 세상에서 가장 믿었던 엄마가 아프게 했으니, 이 무슨 날벼락이었겠어요?

아기들이 책을 물고 뜯고 하는 것은 나름대로의 친밀성을 표현하는 것이므로 걱정할 필요가 없습니다. 이럴 때 책에 스카치테이프나 반창고를 붙이면서 '호호' 하고 쓰다듬어 주면, 아기도 안타까운 표정이 되어 '호호' 하고 불어 줄 것입니다. 그러면 다음부터는 책을 찢지 않습니다. 아기는 빠른 눈치로 책이 아프다는 것을 알았기 때문입니다. 이치를 따져 말하면 알아듣지 못합니다. 아기에게는 감성이라는 우수한 능력이 있지 않습니까? 그 감성에 호소하는 것이 최고입니다.

책 찢는 아기에게는 **헝겊책을**

많은 부모들이 책 읽어 주기를 시도하지만 아기가 책에 관심이 없는 것 같다면서 곧 실망하곤 합니다. 어떤 엄마들은 이렇게 말합니다.

"책이라고요? 의미 없는 일이에요. 무조건 입에 넣을 뿐인데요?"

그러나 발달 단계에 맞춰 생각하면, 아기가 책을 입에 넣는다는 것은 '책이란 어떤 것인가?'를 입으로 확인해 보는 방법입니다.

첫돌 전 아기들은 무엇이나 감각으로 배웁니다. 구강기□腔期의 특성상 입의 욕구를 충족시키기 위해서 책도 입속에 넣어 보며 감각으로 알아보려는 시도입니다. 그런데 책을 입에 넣는다고 무조건 뺏거나 못하게 치워 버리면 아기가 책을 좋아하는 데 아무런 도움이 되지 않습니다. 책과의 친밀도 형성에 방해만 될 뿐입니다.

책은 값이 싸고, 얼마든지 구할 수 있는 것입니다. 더구나 요즘은 아기를 위한 책의 종류와 재질이 무척 다양합니다. 책이 훼손되는 것이 걱정되면 두꺼운 보드북으로 제작되어 잘 찢어지지 않는 책을 골라 주세요. 그리고 첫돌 전 아기를 위해 특별히 헝겊으로 만든 책이 있습니다. 촉감이 부드럽고, 손에 잘 잡히며, 물고 빨고 던져도 찢어지지 않는 헝겊으로 되어 있어서 아기들에게는 아주 친절한 책입니다. 물고 빨 때 유해 성분이 입으로 들어가지 않도록 잉크까지 고려해서 만든 책이면 더욱 좋습니다. 이런 책으로 독서를 시작하는 아기들은 책과 점차 친밀해지기 시작합니다. 공연히 엄마와 아기의 사이가 벌어지지 않아도 될 것입니다.

7

품 안에서 듣는
동요·동시의 힘

동요·동시가 있는 **아름다운 환경**

생후 6개월이 지난 아기에게 노래를 들려주면 얼굴에 기쁨이 일고 온몸으로 쾌감을 표현합니다. 이때의 쾌감은 노랫말의 내용이 아니라 운율 때문에 일어나는 것입니다. 일정하게 반복되는 운율은 아기의 두뇌를 자극해 리듬에 대한 최초의 자각을 일으키게 합니다. 이 자각이 시들지 않고 계속 자라면, 시와 음악을 사랑할 수 있는 싹이 됩니다.

유아 시절에 시와 음악을 많이 듣고 자란 아이와 공장의 시끄러운 소음이나 불협화음에 노출되어 자란 아이는 성격이나 정서에서 큰 차이를 나타냅니다. 실제로 뉴욕 슬럼가 근처에 자리한 어느 초등학교에는 수업 시간에 잠시도 가만히 있지 못하는 아이들이 다른 학교보다 많았습니다. 그 아이들은 선생님의 충고를 들어도 자신을 제어할 수 없었습니다. 그래서 한 선생님이 이 아이들의 주거 환경을 조사했더니 모두가 공장 지대에 살았으며, 더러는 쇠 깎는 소리가 장시간 들리는 방에서 6년을 보낸 아이도 있었습니다.

쇠 깎는 소리처럼 날카로운 소리가 아기의 신경 세포에 전달되면, 아기의 두뇌는 신경질적인 반응을 보입니다. 이런 상황이 반복되면 나중에는 그런 소리가 들리지 않아도 들리는 것 같은 착각 증세를 일으켜 느닷없이 신경질을 부리고 주의가 산만해지는 반응을 보입니다.

첫돌 전의 아기들에게는 정말 고요하고 안락한 환경이 필요합니다. 한국교육개발원의 조사 연구에서도 도시 어린이들이 조용한 시골 어린이들보다 집중력이 떨어지며, 도시 어린이 중에서도 주택가에 사는 아이들에 비해 시장 근처나 심야 영업을 하는 상업 지구에 사는 아이들의 집중력이 더 떨어지는 것으로 나타났습니다.

아기들은 **짧고 경쾌한 운율**을 좋아한다

첫돌 전 아기들이 좋아하는 것은 규칙적인 운율을 가진 자장노래와 꽃·나무·새 등의 자연과 가족을 노래한 동요·동시입니다. 이런 동요·동시는 아기에게 '세상은 아름다운 곳'이라고 속삭여 줍니다.

우산 속은

엄마 품속 같아요

빗방울들도

들어오고 싶어

두두두두

야단이지요

　문삼석 시인의 〈우산 속〉이라는 동시입니다. 너무 긴 동요나 동시는 아기들에게 스트레스를 줄 수 있으므로 짧고 간결하게 자연을 노래한 것이 좋습니다.

　서양 엄마들이 아기들에게 들려주는 동요도 간결하며 반복적인 리듬을 가지고 있습니다. 영미권에서 전해 내려오는 마더 구스Mother Goose도 규칙적인 리듬이 반복되는 노랫말로 이루어진 동요·동시들입니다. 그중 〈Twinkle Twinkle Little Star〉는 우리에게도 익숙한 동요이지요.

Twinkle twinkle little star

How I wonder what you are

Up above the world so high

Like a diamond in the sky

Twinkle twinkle little star

How I wonder what you are

아기들에게 동요·동시를 들려줄 때 가장 좋은 방법은 엄마의 목소리로 들려주는 것입니다. 아기들은 라이브를 좋아해서 육성, 그중에서도 엄마의 목소리를 가장 좋아합니다. 그다음으로 좋은 것은 물론 아빠의 목소리입니다. 갓난아기들은 영리해서 텔레비전이나 스마트폰 같은 전자 매체가 내는 기계음은 좋아하지 않습니다.

정말 시간이 없을 때만 동영상이나 음악을 틀어 주세요. 그러나 너무 자주 틀어 주면 안 됩니다. 아기가 기계음에 적응하기 시작하면 엄마의 목소리에는 반응하지 않습니다.

아기에게 기계음은 좋지 않아요

아기에게 다양한 음성 자극을 주는 것이 좋다고 유튜브 동영상이나 스마트폰으로 음악을 주욱 틀어 놓는 엄마들이 있다. 특히 생후 3개월 전에 디지털 매체에 장기간 노출시키는 것은 위험한 일이다. 일정 시간이 지나면 사람의 음성보다 기계음을 좋아하게 되어 양육자의 언어가 아기에게 다가가지 못하고 거부 반응을 일으킨다. 로렌츠 박사의 각인 법칙에 의하면, 태어난 직후의 빛과 음에 대한 경험과 학습이 성장 후 행동의 기초가 되고, 일정 시간이 지나면 교정이 불가능해진다고 한다.

8

첫돌 전 아기에게
어려운 책도 읽어 주세요

태어나서 1년 동안 아기들은 바쁘다

태어나서 최초의 1년은 아기의 두뇌 구조를 형성하는 결정적인 시기입니다. 두뇌 구조의 우열과 개성은 이 시기에 받은 교육의 질과 양에 달려 있습니다. 갓난아기의 첫 학습은 엄마 젖을 빠는 행위로 시작하여 엄마의 피부와 접촉하고, 냄새 맡고, 목소리를 듣고, 행동을 따라 하는 것으로 발전합니다. 아기의 두뇌는 이런 학습을 통해 성장하고, 1년 뒤 걸음마를 시작할 시기가 되면 어른 두뇌의 50%에 해당하는 700g 정도의 크기로 성장합니다.

또한 외부 세계의 자극에 의해 신경 세포를 연결하는 시냅스가 만들어지면 신경 회로망이 점차 확대됩니다. 그러므로 태어난 후 1년간은 아기들에게 매우 중요하고도 바쁜 시기입니다. 따라서 온 가족이 영혼을 끌어 모아 아기를 돌봐야 합니다.

언어 본능은 듣기를 통해 깨어난다

화려한 궁전에서 자라는 아이나 산속의 오두막에서 자라는 아이나 비슷한 과정을 거쳐 말을 배웁니다. 어른들이 하는 말을 듣고 따라 하면서 배우는 방식입니다. 언어 능력은 선천적으로 프로그래밍된 본능이지만 이 본능은 깨워 주어야만 발현되는, 잠자고 있는 본능입니다.

유아기의 언어는 사람의 말소리를 듣고 기억하는 데서부터 시작됩니다. 늑대소녀의 예를 보면 잘 알 수 있습니다. 1920년, 인도에서 고아원을 운영하던 목사 조셉 싱은 자신의 가축을 잡아먹는 짐승을 잡으러 숲속으로 들어갔습니다. 그는 늑대 굴속에서 기이한 울음소리를 내고 있는 2세와 7세 정도 된 두 소녀를 발견하고 집으로 데리고 왔습니다. 그리고 두 소녀에게 '카말라'와 '아말라'라는 이름을 지어 주고, 말을 가르치려고 노력했지만 실패하고 맙니다. 아이들은 자기들끼리도 으르렁거리는 소리로 의사소통할 뿐, 사람의 말은 몇십 개 정도밖에 배우지 못했습니다. 새 환경에 적응하지 못한 탓인지 동생 아말라는 곧 사망했고, 언니 카말라도 얼마 지나지 않아 죽었습니다.

인간은 언어 천재로 태어나지만 태어나서 1년 동안 잠재의식 속에 언어를 입력시켜 주지 않으면 늑대소녀들처럼 언어 본능이 깨어나지 않습니다. 아기의 언어 본능을 깨워 주기 위하여 엄마가 가장 먼저 해야 할 일은 열심히 모국어를 들려주는 일입니다.

책은 많이 읽어 줄수록 좋다

미국 소아두뇌학자 페리 클라스는 "책을 많이 읽어 줄수록 더 많은 이미지를 상상하게 되고, 결국 뇌를 창의적으로 발달시킬 수 있다."고 주장합니다. 또한 뉴질랜드 오클랜드대학교의 연구진은 "부모가 책을 읽어 준 시기가 빠른 아이들이 그렇지 않은 아이들보다 학교에 들어갔을 때 언어 능력과 수리 능력에서 크게 앞섰다."고 보고했습니다.

어린 시절의 독서가 중요한 것은 0~6세 때 인간의 뇌가 폭발적으로 성장하기 때문입니다. 생체학자 리처드 E. 스캐몬의 성장 곡선을 보면, 갓난아기의 두뇌 중량은 성인의 25% 수준이지만 1세가 되면 50%, 3세 땐 75%, 6세까지 성인 중량의 90%에 도달하는 것을 알 수 있습니다. 전문가들은 이 시기를 '결정적인 시기'라 부릅니다. 우리는 유아 시절에 스펀지처럼 빨아들인 것들을 기초로 해서 딥 러닝하듯 뇌의 구조를 만들어 가고 있는 것입니다. 이것이 바로 0~6세에 집중적으로 책을 접해야 하는 이유입니다.

미국 신시내티 어린이병원의 존 휴턴 박사 팀이 3~5세 아이들을 대상으로 진행한 실험도 눈길을 끕니다. 연구팀은 아이들에게 헤드폰을 씌워 주고 나이에 맞는 수준의 이야기를 들려주었습니다. 그리고 이것을 자기공명영상MRI을 통해 관찰했습니다. 이와 함께 부모들이 얼마나 자주 동화책을 읽어 주는지도 조사했습니다. 그랬더니 부모가 정기적으로 책을 읽어 줄수록 지적 심상mental imagery을 지원하는 뇌 부위의 활동이 크게 증가한 것을 발견했습니다. 부모의 책 읽는 소리를 듣는 것만으로도 내용을 이해하고 마음속으로 이미지를 상상하는 뇌 활성화가 일어났던 것입니다.

태어나서 1년 동안 아기의 두뇌는 흡수 능력이 매우 뛰어나서 난이도에 상관없이 주어지는 교육적 자극을 그대로 받아들입니다. 이 시기에 우뇌를 통하여 받아들인 내용은 이미지를 통해 아기의 잠재의식 속으로 들어가고, 여기에 잠겨 있던 지식들은 나중에 독자적인 사고를 할 때 원동력이 됩니다.

그래서 첫돌 전 아기에게 명시를 반복해서 들려주거나 〈논어〉, 〈동몽선습〉, 〈탈무드〉같이 어려운 책을 읽어 주는 것은 쓸데없는 짓이 아닙니다. 그것은 잠재의식의 기능이 가장 활발한 시기를 이용하는 교육 방법입니다. 읽어 줄 때는 목소리 톤을 살짝 높여 리듬을 살려서 음악처럼 읽는 것이 더 좋습니다.

9

일어나 앉으면
작은 그림책을 준비하세요

무릎 위에 놓고 보는 **조그만 그림책**

6개월이 지나면 엉금엉금 기어 다니던 아기가 일어나 앉고, 시야도 한결 넓어집니다. 누워 있을 때는 천장만 보고, 기어 다닐 때는 방바닥만 보던 아기들은 일어나 앉으면 기분이 좋아서 자랑스러운 표정을 짓습니다. 안방에 앉아서 창밖에 서 있는 나무를 보고, 하늘의 구름도 보고, 날아가는 새들도 볼 수 있으니까요. 이제 아기는 자기를 안아 주는 가족이 아닌 다른 세상을 볼 차례가 된 것입니다.

지금까지 엄마가 들고 보여 주던 그림책을 이제는 무릎 위에 놓아 주어도 좋습니다. 그러면 아기는 또 자랑스러운 표정을 짓습니다.

혼자 편안하게 앉을 수 있는 아기에게 가장 적당한 책은 아기나 어린 동물들이 등장하는 사물 그림책이 좋습니다. 아기와 동떨어진 어른이나 마법사가 등장하는 그림은 아기들에게 동일시 현상을 일으키지 않기 때문에 흥미를 끌지 못합니다.

이때 아기의 책은 반드시 조그만 책이어야 합니다. 아기의 다리를 다 덮을 정도의 큰 책이나, 다리를 저리게 할 정도로 무거운 책은 안 됩니다. 아기들에게 책은 몸과 마음으로 제압할 수 있는 크기가 좋습니다. 그래야만 책과의 친밀도가 쉽게 성립됩니다.

그런데 가로 35cm, 세로 50cm나 되는 큰 그림책을 본 적이 있었습니다. 아기들 무릎에 놓아 주면 발목이 보이지 않는 크기였습니다.

'이런 책을 왜 첫돌 전 아기 책이라고 만들었을까?'

하도 궁금하여 책을 만든 출판사에 문의해 보았습니다. 편집진이 말했습니다.

"외국에서 판권을 수입해 온 책인데, 그림을 크게 하려고 판형을 키웠어요. 아기들이 보려면 그림이 커야 하지 않겠어요?"

아기들은 눈이 밝습니다. 그렇게 크게 하지 않아도 볼 수 있습니다. 아기들이 작은 개미를 들여다보고, 작은 무당벌레를 좋아하는 것은 시력이 좋기 때문입니다.

그림책에서 발견하는 **또 다른 세상**

혼자 책을 보기 시작한 아기들은 그림책 속에 뭔가 재미난 사물이 들어 있는 것을 알게 됩니다. 동물이 있고, 다른 아기들이 있다는 사실을 발견하는 것은 아기에게 엄청난 기쁨입니다.

아기가 한번 책 보기에 열중하면, 아기의 두뇌 속에 더 많은 시냅스가 만들어지면서 세상에 대한 관심이 더욱 커지고, 호기심이 일어납니다. 그래서 자꾸자꾸 책을 보고 싶어 합니다.

그림책을 읽어 줄 때 아기가 웅얼웅얼 따라 해도 좋습니다. 그러나 이때 글자를 한 자 한 자 손가락으로 짚어 가면서 읽어 줄 필요는 없습니다. 이 시기의 아기들은 그림만 보면 됩니다. 글자에는 관심이 없습니다. 또 글자를 가지고 좌뇌를 자극할 필요는 더더욱 없습니다. 사물의 이름을 익히는 그림 카드라면 세상의 다양한 동식물과 사물을 한 장씩 보여 줄 용도로는 좋지만, 그림 하나 보여 주고 글자를 가리키면서 학습시키는 것은 첫돌 전 아기에게 엄청난 스트레스입니다.

이야기보다는 그림이 아름다운 것을 골라 주세요. 엄마가 읽어 줄 글은 동시처럼 리듬이 있는 것이 좋습니다.

책과의 만남은 **언제나 즐겁게**

아기가 책을 본숭만숭하면 엄마들은 실망합니다. '혹시, 책을 싫어하는 아이가 되지는 않을까?' 하고 말입니다. 그러나 책에 관심이 없다고 하더라도 강요하지 않는 게 좋습니다. 더구나 눈을 흘기거나 꾸중해서 아기를 울리면 책은 두려움의 대상으로 기억됩니다.

2~4개월의 아기들은 그림을 뚫어져라 쳐다보기만 하지만, 일어나 앉게 되면 그림을 쓰다듬고, 의성어를 넣어서 읽어 주면 미소를 짓습니다. 그림을 가리키며 "어어!" 하거나 "우우!" 하기도 합니다. 이것은 엄마를 흉내 내는 것이며, 책읽기의 처음입니다. 이때 엄마가 칭찬해 주면 아기는 더 자주 책읽기 흉내를 냅니다.

첫돌이 가까워 오면, 엄마가 "사자 어디 있지?" 할 때 아기가 손가락으로 가리킵니다. 그리고 첫돌이 지나면, 그 동물의 소리를 흉내 냅니다. 그리고 스스로 대견해서 손뼉을 치기도 합니다. 이때 역시 칭찬해 주어야 합니다. 그러는 도중에 아기는 책을 직접 다루고 싶어 입에 넣거나 두드리곤 할 것입니다. 하지만 차차 시간이 지나면서 책은 입에 넣는 것이 아니라 '보는 것'이라는 사실을 알게 됩니다.

이때 주의해야 할 것은 TV나 스마트폰에 의지하는 일입니다. 미국 소아과학회는 '24개월 이전의 아이에게 스마트폰이나 TV를 보여 주면 책 읽어 주기 효과가 사라진다.'는 내용의 연구 결과를 발표했습니다. 연구팀은 'TV나 스마트폰은 아이의 눈짓이나 표정, 행동 등에 대한 감정적 교감이 불가능하기 때문'이라고 이유를 밝혔습니다.

10

아빠가 육아에
참여해야 하는 이유

아빠와 논 아기는 **자립심이 강하다**

아기들은 빠르면 생후 3~6주에 엄마와 아빠를 구별할 수 있습니다. 대부분 엄마가 옆에 있을 때는 정서적으로 안정되지만, 아빠가 옆에 있을 때는 조금 다릅니다. 엄마가 아기를 안을 때는 늘 같은 자세로 안는데 아빠들은 안을 때마다 자세가 바뀝니다. 그래서 아기들은 아빠가 오면 불안감을 오감으로 느끼고 흥분합니다.

그러나 이런 자극이 오히려 신선한 자극이 됩니다. 변화가 주는 충격은 아기의 두뇌에 더 많은 시냅스를 만들어 갑니다.

'흠, 이 사람은 엄마와는 다르네. 냄새도 달라. 그런데 나를 사랑해. 아마도 나를 보호해 줄 것 같아.'

그리고 엄마들은 장난감을 가지고 놀게 하지만, 아빠들은 목말을 태우거나 자기 몸으로 놀아 줍니다. 엄마는 위험한 것을 못 만지게 하지만, 아빠들은 관대해서 한 발짝 물러나 관찰합니다.

미국 캘리포니아주립대학교의 정신과 교수 로버트 모래디는 엄마가 키운 아이와 아빠가 키운 아이의 차이점을 연구한 결과, 아빠가 키운 아이들이 낯가림이 적고, 낯선 사람을 보고 울음을 터뜨릴 가능성도 현저히 낮다는 사실을 발견했습니다. 즉, 아빠가 적극적으로 육아에 참여한 아이는 적극적이고, 사회 적응력이 높다는 결론이 나옵니다. 또한 모래디는 3세 미만의 아기를 돌본 경험이 있는 아빠는 폭력 범죄나 성범죄를 저지를 가능성이 낮다고 말합니다. 기저귀를 갈아 주고, 목욕을 시키고, 우유를 먹이면서 맺은 아기와의 친밀성이 아빠의 가슴속에 공감 능력과 자애로움을 심어 주기 때문입니다.

육아에 참여하는 아빠는 **우울감이 적다**

아빠가 육아에 참여하면 아이에게만 좋은 게 아닙니다. 산후 우울증은 보통 엄마들이 겪는다고 생각하지만 요즘 아빠들도 우울감을 호소합니다. 이유는 부모가 된다는 스트레스 때문입니다.

미국 캘리포니아주립대학교 연구팀은 생후 1년이 된 아이가 있는 남성 881명을 대상으로 아이와 함께 보낸 시간과 우울감에 어떤 연관성이 있는지 연구했습니다. 연구 결과, 아이가 태어난 직후부터 육아에 많은 시간을 보낸 남성은 그렇지 않은 남성보다 우울감이 훨씬 적게 나타났습니다. 또 아빠와 아이의 유대감이 높을수록 가족 구성원 전체의 우울 지수가 낮다는 것도 발견했습니다.

연구를 진행한 올라지데 바미식빈 교수는 "아빠들이 산후 우울증을 예방하기 위해서는 육아에 적극적으로 참여해야 한다. 육아에 참여한 아빠들은 자존감이 높아져 우울을 경험할 확률이 적다."고 밝혔습니다. 육아에 참여하고 있는 우리나라 아빠들도 이렇게 말합니다.

"아이들을 돌보는 건 힘들지만, 행복함이 더 커요. 저와 함께한 추억이 아이들 삶에 소중한 디딤돌이 될 거예요."

"몸은 고단하지만 퇴근하고 문을 열었을 때 방긋방긋 웃는 아이를 보면 피로가 싹 풀려요. 아이와 놀고 싶어 퇴근도 빨리 하게 됩니다."

아기를 두려워하는 **아빠에게 육아 상식을**

아빠들은 아기가 웃을 때는 안아 주어도, 울 때는 안아 주려 하지 않습니다. 아기가 울면 얼른 엄마에게 떠맡깁니다. 그래서 엄마들은 불평을 해댑니다.

"웃는 아기야 누가 못 봐요? 우는 아기를 봐 줘야 돕는 거지요."

그런 아빠들도 알고 보니 다 사정이 있었습니다. 아빠 300명에게 물어보았습니다.

"아기가 너무 작아서 실수로 떨어뜨릴 것 같아요."

"내가 잘못 봐서 병이라도 나면 어쩌나요?"

"내가 아기를 불편하게 하는 것 같아서요."

아빠들이 아기를 안 보려는 것은 전적으로 육아 상식이 부족하기 때문입니다. 아빠들은 모른다고 하지 않고 못한다고 합니다. 아기가 싫거나 엄마를 돕기 싫어서가 아니라, 몰라서 또는 잘못될까 봐 걱정이 되는 거지요.

그렇다면 이제, 아빠를 육아로 끌어들이기 위해서 하나씩 육아 상식을 가르쳐 주어야 합니다. 우유 먹이는 법, 트림시키는 법, 목욕시키는 법, 스킨십 해 주는 법, 일광욕시키는 법, 잠잘 때 배를 덮어 주는 법, 놀라게 만들지 않는 법, 온화한 표정을 짓는 법, 편안하게 안는 법 등등을 가르쳐 주세요.

3

1~2세

마주이야기 시대

1~2세는 어휘력이 폭발적으로 증가하는 시기입니다.
다양한 그림책을 통해 어휘 창고를 채워 주세요.

말하기는
두뇌 발달과 밀접한
관련이 있습니다.

현대 두뇌학자들은
이렇게 말합니다.
'말 잘하는 아이가
두뇌도 좋다.'

'말 잘하는 아이 만들기'
이것이 첫돌 아기를 키우는
엄마의 사명입니다.

1

첫돌 아기의
세상 대탐험

신기하지만 **서투른 탐험**의 시작

엉금엉금 기어 다니던 아기가 일어나서 걸으면 '세상 대탐험'이 시작 됩니다. 소파를 붙잡고 일어나 한두 걸음을 떼고, 손과 무릎을 이용해 계단을 기어오릅니다. 점차 아기들은 뒤뚱뒤뚱 오리걸음으로 온 집 안 을 돌아다니게 됩니다. 손가락의 움직임도 유연해져서 집게손가락으 로 사물을 가리키고 물건을 정확히 집어 올릴 수 있습니다. 장난감 블 록을 쌓았다가 무너뜨리고, 그릇에 물건을 넣었다 쏟는 행동을 반복 합니다. 시각도 완전해져 아주 작은 물체나 작은 벌레들을 한참씩 들여다보기도 합니다.

18개월 무렵이면 20개 정도의 단어를 구사하며, 독립심을 표현하거나 주위 사람들의 시선을 끌기 위해 또는 욕구 불만을 표시하려고 화내기, 때리기, 투정하기, 빼앗기 등의 행동을 하는 경우가 있습니다. 아직 양심이 형성되지는 않았지만, 엄마가 기뻐하고 싫어하는 일을 판별할 수 있기 때문에 그런 행동을 하고는 손바닥으로 눈을 가리거나 어른의 눈치를 봅니다.

20개월 무렵이면 책을 한 장씩 넘길 수 있고, 그림과 똑같은 물체를 보면 손가락으로 가리키며 신기해합니다. 책을 읽어 주면 조용히 듣고, 그림을 손으로 만져 보는 등의 반응을 나타냅니다. 손가락이나 크레용으로 낙서하기를 즐기고, 어른의 말을 따라 하고 흉내 내며, 동물을 좋아합니다. 또래 친구를 데리고 오면 좋아하지만, 서로를 흘금흘금 쳐다만 볼 뿐 함께 놀지는 않습니다.

어른용 집에서 크는 아기들의 고충

아장아장 걷는 아기들에겐 그에 딱 맞는 공간이 필요하지만 어쩔 수 없이 어른용 집에서 키워집니다. 만지고 탐색하는 것마다 "에비!", "안 돼!"라는 말로 탐험이 막힌다면 아기는 어떤 기분이 어떨까요? '아, 세상에는 되는 일보다는 안 되는 일이 더 많구나!' 하며 일찍부터 좌절과 포기를 배울 것입니다.

첫돌이 지난 아기들에게 필요한 환경은 대탐험을 도와주는 자유로운 환경입니다. 넓은 공간, 호기심을 불러일으키는 물건들이 필요합니다. 무엇인가를 만지려고 할 때, 위험하다는 생각만으로 "안 돼!"를 연발해서는 안 됩니다. 아기가 못 만지게 물건을 다 치워도 안 됩니다. 오히려 아기가 탐험할 수 있도록 호기심을 가질 만한 것을 이것저것 놓아 주어야 합니다. 헝겊으로 만든 동물 인형, 장난감, 그림책 등을 집 안 여기저기에 두는 것입니다. 그런 것이 없을 때는 헌 냄비라도 놓아 주는 것이 좋습니다.

집이 좁다고 낙담하거나 불평할 필요가 없습니다. 집이 좁으면 가까운 공원이라도 자주 데리고 나가면 됩니다. 행동반경이 좁은 아이는 사고 공간도 좁아집니다. 꽃밭, 모래 더미, 잔디밭 등 되도록 넓은 공간에서 호기심을 불러일으키는 새로운 것을 만나게 해 주세요.

아기는 자신을 둘러싼 크고 아름다운 세상으로 나아가 눈에 띄는 모든 것을 들여다보고, 만져 보고, 들어 보고, 냄새 맡으며 오감을 통해 세상을 배워야 합니다. 이것이 첫돌 지난 아기의 학습 방법입니다.

수다쟁이 엄마가
되어 주세요

첫돌 지난 아기의 과업은 **말하기**

아기는 태어나서 첫돌이 되기 전까지는 육체적 성장에 온 힘을 집중합니다. 뒤집기, 기기, 짚고 일어서기, 두 발로 서기, 걸음마를 연습하면서 첫돌을 맞이합니다. 실제로 첫돌 전의 아기들은 걷기를 향해 모든 힘을 기울였습니다.

이제, 첫돌이 지난 아기들은 말하기에 총력을 기울입니다. 첫돌 즈음에 '엄마'라는 첫 발성을 내고 나서 아기들의 말은 눈부신 속도로 발전합니다. '아빠', '맘마', '까까' 등을 거쳐 꽤 여러 개의 어휘를 구사합니다. 생후 1~2년 동안 정말 열심히 말을 배우는데, 말하기는 두뇌 발달과 매우 밀접한 관련이 있습니다.

언어 능력을 담당하는 곳은 좌뇌의 베르니케 영역과 브로카 영역입니다. 귀로 들어온 다른 사람의 말을 이해하고 그 의미를 해석하는 것은 베르니케 영역에서 다루고, 말을 만들어 표현하는 언어 능력은 브로카 영역에서 담당합니다. 베르니케 영역이 먼저 발달하기 때문에 아기들은 말하기보다 듣기를 먼저 합니다. 연구에 따르면 베르니케 영역의 시냅스는 8~20개월 사이에 급속도로 발달합니다.

두 돌이 가까워지면 브로카 영역의 성숙과 함께 발화 능력이 폭발적으로 성장합니다. 신경 자극에 의해 근육들을 움직여 소리를 낼 신체적 준비가 되었기 때문입니다. 엄마의 말은 거의 다 알아들으면서도 한참 지나야 말을 하는 이유는 우리 두뇌가 듣기를 먼저 하기 때문입니다. 말을 일찍 시작하면 뉴런층의 기능이 훨씬 복잡하게 작용하는 문장이나 문법을 빨리 익힐 수 있습니다. 이것은 나중에 커서 논리력, 사고력, 수리력에 영향을 줍니다.

부드러운 어조로 구체적으로 말하기

말에 서툰 아이보다 말 잘하는 아이의 두뇌가 더 좋다는 것은 오래전부터 증명된 사실입니다. 태어날 때 똑같이 1,400억 개의 뉴런을 가지고 태어난 아기들이 2년 지난 뒤에 언어 능력의 차이를 보이는 이유는 무엇일까요?

엄마가 아기에게 이야기하는 방식을 보면 크게 두 가지로 나뉩니다. 어떤 엄마는 아기에게 말할 때 부드러운 말투로 구체적이고 길게 말합니다. 예를 들어 볼까요?

"우리 승아, 이리 와서 이거 먹을까? 이건 딸기야. 맛있게 생겼지? 입을 아 벌리고 쏙 넣어 꼭꼭 씹으면 달콤하고 새콤할 거야. 딸기는 엄마가 가장 좋아하는 과일이야. 우리 승아도 먹어 보자."

조금 수다스럽고 손발이 오글거릴 수도 있지만, 이런 엄마를 둔 아기는 어휘의 양이 풍부하고, 말하기에 주저하지 않고 하루 종일 종알거립니다. 반면에 짧고, 간단하고, 퉁명스럽게 말하는 엄마들이 있습니다.

"이리 와."

"이거 먹어."

이렇게 말하는 엄마들의 아기는 말하기를 즐기지 않습니다. 말을 해야 할 때 쭈뼛쭈뼛하며 수줍은 듯 피합니다. 이런 아기들은 두뇌 발달이 늦어 나중에 학습 능력도 그다지 높지 않습니다.

예로부터 유대인들은 '수다쟁이 엄마가 천재를 만든다.'는 속담을 만들어 냈고, 우리 민족에게는 '대가족의 아기가 머리가 좋다.'는 믿음이이 있습니다. 그리고 20세기 언어심리학자들은 '두뇌는 언어적 자극을 통해 발달한다.'고 정의했습니다.

첫돌 이후부터는 언어 자극을 자주 받고, 언어를 사용하는 빈도가 높을수록 뉴런의 수상돌기가 무성해집니다. 아기가 어떤 양육 환경에 놓이느냐에 따라 뇌 성장과 언어 발달에 결정적인 영향을 끼칩니다. 그러니 말로든 책으로든 엄마부터 수다쟁이가 되어 부드럽고 구체적으로 말하는 연습을 해야 합니다.

말하고 싶은 것 대신 말해 주기

두세 살 아기에게는 질문을 하기보다는 아기가 묻는 것에 성실하게 대답해 주는 것이 좋습니다. 아기는 능숙하게 표현하지 못합니다. 하늘을 가리키며 "우우!" 하면, 엄마는 그 표정과 몸짓을 보고 "아, 저 비행기 말이구나. 비행기가 크고 빠르네." 하고 말해 줍니다. 그러면 아기는 만족스러운 표정을 짓습니다. 이때 엄마는 아기가 알고 있는 단어를 적절히 섞어 대답해 줍니다. 그리고 절대로 하지 말아야 할 것은 부정적인 말입니다.

"에그, 쯧쯧. 그것도 몰라? 어제 가르쳐 줬잖아?"

"넌 왜 만날 까먹니? 옆집 아기는 잘하던데."

이런 말은 아기의 용기를 꺾습니다. 엄마 입에서 두 번만 이런 부정적인 말이 나오면, 아기는 엄마에게 질문을 하지 않게 됩니다.

또한 "이건 뭐지?", "소는 어떻게 울지?" 식의 답을 바라는 질문은 피해야 합니다. 만일 아기가 답을 알고 있으면 괜찮지만, 모른다면 상처를 받아 위축되기 때문입니다.

길게, 완전 문장으로 대답하기

대화 능력이 확장되려면 많은 어휘를 알고 있는 것이 중요합니다. 어휘 수를 늘리는 방법에 '이름 붙이기 게임'이 있습니다. 집 안에 있는 사물의 이름을 가리키면서 그 이름을 말합니다. 아기가 "이거." 하면 "아, 사과 말이구나." 하고 사물의 이름을 넣어 답해 줍니다. "엄마, 저거." 하면 "어, 저 담 위에 피어 있는 빨간색 장미꽃 말이니?" 하고 말해 주면 아기들의 어휘력이 쑥쑥 자랍니다. 아기가 새로운 단어를 사용할 때마다 칭찬해 주면 아기들은 단어 배우는 데 더 힘을 쓰게 됩니다.

자동차를 타고 외출하는 시간에도 단어를 배울 수 있습니다.

"저기 파란 트럭이 가네."

"자전거에 짐을 가득 싣고 가는구나."

"무슨 소리지? 경찰 아저씨가 호루라기를 불고 있어."

시장이나 백화점에 가서도 물건 이름을 넣어 문장으로 말을 하고, 식품 코너에 갔을 때는 사과나 배, 떡 등을 넣어서 말해 줍니다. 이때 '저것은 배', '저것은 사과'라고 단어만 말해 주는 것은 바람직하지 않습니다. 완전한 문장으로 말하는 것이 좋습니다. 아기들이 들은 완전 문장은 머릿속에 그대로 저장되어 장차 사용할 언어의 모델이 됩니다.

되돌려주기 대화로 **아기의 자신감 높여 주기**

아기는 어른과 다른 발음을 하는 경우가 많습니다. 가장 큰 이유는 소리의 순서를 아직 외우지 못하기 때문입니다. 몇 번이고 익힐 수 있도록 도와주는 것은 좋지만, 틀려서 고쳐 주는 것처럼 말하면 아기들은 싫어합니다.

아기들의 자존심이 상하지 않게 하면서 고쳐 주는 방식은 '그렇구나'로 시작하는 것입니다. 아기가 "나나 줘." 하면 "그렇구나, 바나나 달라고? 바나나 먹고 싶어?"라고 말해 줍니다. 그러면 아기는 그렇다는 뜻으로 손뼉을 칩니다. "자동차, 아빠."라고 하면 "그렇구나, 저기 아빠 자동차가 오는구나."라고 말합니다. 이런 되돌려주기 대화는 자신감을 주어 언어 발달에 좋은 영향을 끼칩니다.

3

들려주자,
들려주자!

듣기가 즐거운 아이는 **배우기도 즐겁다**

아기들은 엄마의 말소리와 책 읽는 소리를 통해 '듣기의 기술'을 배웁니다. 듣기를 즐기는 아이로 자라나면 선생님 말씀 듣기를 좋아하고, 친구와 대화하기를 좋아합니다. 그리고 청년이 되었을 때 연인과 대화하기를 즐기고, 결혼하면 배우자의 말과 자녀의 말을 잘 경청하는 사람이 됩니다.

듣기를 잘하는 아이로 기르려면 우선 듣기를 즐기는 아이로 만들어야 합니다. 듣는 것은 즐겁고, 재미있고, 행복한 일이라는 인식을 두뇌에 입력시켜 주어야 합니다.

듣기를 좋아하는 아이로 만들려면 엄마의 목소리부터 신경 써야 합니다. 책을 읽을 때는 밝고 활기찬 목소리로 천천히, 똑똑한 발음으로, 알아듣기 쉽게 짧은 문장으로 말해 주세요. 쉬어야 할 곳에서는 정확하게 쉬는 깔끔한 말투가 좋습니다. 의성어나 의태어가 나오면 이미지가 쉽게 떠오르도록 연기자가 된 것처럼 실감 나게 읽어 줍니다.

한국독서교육개발원에서 유치원 아이들의 '책 읽어 주기 시간에 대한 반응'을 조사해 본 결과 아이들은 목소리, 발음, 말투 등이 정확하고 아름다운 선생님을 더 좋아했고, 그런 선생님이 지도하는 반 아이들의 듣기 능력이 월등히 높았습니다.

듣기를 즐겁게 만들어 주는 소리들

듣기의 즐거움을 가르쳐 주는 것 중에 첫째로 꼽히는 것은 '동요·동시'입니다. 아름다운 말이 되풀이되면서 리듬을 만드는 동요와 아름다운 풍경이 저절로 눈앞에 그려지는 동시를 접할 때 기분이 나빠지는 사람은 없습니다. 특히 멜로디를 따라 부르는 동요는 언어중추를 자극하는 효과도 있어서 정서적으로도 안정감을 줍니다.

다음으로 중요한 것에 '자연의 소리'가 있습니다. 새소리, 물소리, 바람 소리를 들려주면 듣기가 얼마나 즐거운 일인지 알게 됩니다. 인공적으로 흉내 낼 수 없는 자연의 소리는 항상 새롭고 똑같은 것이 없기 때문입니다. 자연으로 나갈 수 없을 때는 집에서 요한 슈트라우스의 '비엔나 숲속의 이야기' 같은 음악을 들려주어도 좋습니다.

듣기 좋은 소리로 '전래동화 읽는 소리'를 빼놓을 수 없습니다. 오랫동안 입에서 입으로 전해지면서 정착된 전래동화에는 운율이 있어 구수하고도 은은한 친근감을 느끼게 해 줍니다.

읽어 줄 때는 엄마만 단골로 읽어 주지 말고, 아빠나 할머니 등 다양한 사람이 읽어 주는 게 더 좋습니다. 그러면 아이는 누가 어떤 톤으로 읽는지, 이런 장면에서 엄마는 어떤 목소리로 읽고, 아빠는 어떻게 읽으며, 할머니는 또 어떤 표정으로 읽어 주는지 비교하며 재미있어합니다.

이런 미세한 차이까지 들을 수 있게 되면 아이의 듣기 실력은 눈부신 상태가 됩니다. 그리고 이런 듣기 실력은 세상을 배우는 데 더 적극적인 자세를 갖게 할 것입니다.

듣기는 입력, 말하기는 출력

상황에 맞는 말을 할 때, 우리는 '말을 잘한다'고 합니다. 청산유수로 말을 쏟아내도 화제와 맞지 않는 말을 하는 사람에게는 말을 잘한다고 하지 않습니다. 말 잘하는 사람들을 보면 대부분 듣기를 잘합니다. 남이 말하는 것을 듣지 않고 말하는 사람은 실패할 확률이 높습니다. 특히 중요한 협상 테이블에 앉아서 자기 말만 한다면, 그 협상은 결렬될 것입니다.

말 잘하는 기술은 듣기를 잘하는 기술과 깊은 관련이 있습니다. 세 살까지 듣기를 즐기지 않는 아이는 평생토록 듣기에 서툰 사람이 될 수도 있습니다. 이런 이유로 세 살 전 교육에서 듣기 교육은 매우 중요합니다. 아이들은 듣기를 통해 온 세상을 배우기 때문입니다. 듣기를 잘하는 아이들은 다음과 같은 특성이 있습니다.

첫째, 어휘력이 높습니다. 왜냐하면 어른의 말 속에서 새로운 사건이나 사물의 이름들을 듣고 명사를 흡수하고, 동사와 형용사까지 이해하며 흡수하기 때문입니다.

둘째, 잘 듣는 아이들은 완전한 문장으로 말을 합니다. 어른의 말을 들으며 어순을 익혔기 때문이지요.

셋째, 듣기를 좋아하는 아이들은 질문을 많이 합니다. 왜냐하면 들은 이야기가 아이의 머릿속에서 물음표를 떠올리고, 아이의 생각 창고를 작동시켜 질문을 만들어 내기 때문이지요.

넷째, 듣기를 좋아하는 아이들은 세상 이치를 빨리 깨닫습니다. 어른들의 이야기 속에서 세상 돌아가는 이치를 배웠기 때문입니다.

듣기는 입력이고 말하기는 출력입니다. 출력을 하기 위해서는 입력이 정확하고 확실해야 합니다. 입력을 하지 않고 출력키를 누르면 컴퓨터가 임무를 수행할 수 없는 것처럼, 아이들도 듣기 능력이 없으면 말하기가 서툴 수밖에 없습니다.

몸짓 언어를
음성 언어로 바꿔 주세요

몸짓 언어를 음성 언어로

유치원이나 초등학교 1학년 교실에 가면, 선생님의 질문에 말로 대답하지 않고 몸으로 대답하는 어린이들을 종종 보게 됩니다. 고개를 끄덕이거나 도리질을 합니다. 이런 아이들은 언어 발달이 늦어서 친구들과의 대화에 끼지 못하고 혼자 노는 경우가 많습니다.

보통 아기들은 18개월이 지나면 몸짓 언어를 버리고 말로 하는 대화를 시도합니다. 그리고 자신이 알고 있는 단어 중에서 상황에 맞는 것을 골라냅니다. "엄마, 까까.", "엄마, 아기 시어." 같은 두세 음절의 말을 합니다. 이것이 대화의 시작입니다.

대화 능력을 발달시키려면 먼저 몸짓 언어를 음성 언어로 바꾸는 것부터 해야 합니다. 어떤 엄마들은 아기가 세 살이 지나도록 몸짓언어를 사용해도 그냥 두는데, 이것은 올바른 교육 방법이 아닙니다.

아기가 고개를 끄덕이면 "응, '좋아요'라고 말하고 싶은 거구나." 하면서 엄마가 대신 말해 줍니다. 또 아기가 몸을 흔들면 "아, '싫어요'라고 말하려는구나." 하면서 계속 말해 줍니다. 그러면 아기는 몸짓 대신 음성으로 말을 따라 하려고 합니다. 아기가 몸짓 언어 대신 음성 언어를 사용할 때 칭찬해 주면 몸짓 언어가 줄고 음성 언어가 강화됩니다.

대화의 주도권을 아기에게

몸짓 언어를 버리고 나면 대화의 주도권을 아기에게 주는 것이 순서입니다. 즉, 아기가 대화를 이끌어 갈 수 있도록 엄마는 질문만 하기입니다. 그렇다고 엄마가 이것저것 꼬치꼬치 캐묻는 식의 질문을 하면, 아기는 대화의 재미를 잃어버립니다. 아기가 말을 꺼낼 수 있도록 툭 던지듯이 질문하는 방식이 좋습니다.

"아, 꽃이 피었네?"

이런 혼잣소리를 하면 아기들은 금방 대화에 끼어듭니다.

"엄마, 입퍼."

"정말 예쁘구나. 라일락인데, 달콤한 향기가 나지?"

"응, 이모, 흠흠."

"그렇구나. 네 말을 듣고 보니, 이모에게서 나는 향수 냄새와 비슷하구나."

이렇게 대화를 이어 가면 아기는 대화의 재미를 느끼게 됩니다.

"너, 저게 무슨 꽃인지 아니?"

이런 질문은 아기에게 스트레스를 줍니다. 물론 꽃 이름을 알 때는 덜하겠지만, 모르는 경우가 많겠지요. 애써 대화를 하려던 엄마의 노력은 물거품이 됩니다. 왜냐고요? 아기가 말문을 닫기 때문입니다.

아기 말로 물어도 표준어로 대답한다

두 돌 전의 아기들과 만나 보면, 사용하는 단어의 질에서 차이를 보이는 두 그룹을 발견하게 됩니다.

'엄마, 맘마 줘. 까까 시어, 멍멍이 와. 야옹이 가아. 쉬 할래.' 등의 유아어로 말하는 아기들이 있는 반면에 '엄마, 밥 주세요. 과자는 싫어요. 강아지가 와요. 고양이가 가요. 오줌 누고 싶어요.'라는 등 어른들이 쓰는 단어를 사용하는 아기들도 있습니다.

두 그룹의 아기들 말은, 내용은 같지만 사용하는 단어가 다릅니다. 후자는 표준 모국어를 사용하는 반면, 전자는 유아어를 사용하기 때문에 언젠가는 다시 표준어를 배워야 합니다. 이런 차이는 아기들의 차이가 아니라 엄마의 차이입니다. 처음 말을 배울 때 그런 유아어로 가르쳤기 때문입니다.

아기가 유아어를 써도 엄마는 표준어로 가르쳐야 합니다. 아기가 "맘마 줘."라고 할 때 "아, 밥 달라는 말이구나!" 하면, 아기는 다음부터는 '밥'이라는 단어를 꺼내 씁니다. 아기가 유아어를 쓴다고 엄마까지 '맘마', '까까'라고 하면 단어를 배우는 시간이 훨씬 지연되는 것은 물론, 두뇌 발달도 늦어집니다.

유아어는 발음 기관이 덜 성숙한 아기들의 언어일 뿐 엄마가 사용하는 언어가 아닙니다. 그리고 제대로 된 언어로 고쳐 주는 것이 엄마의 역할이지, 아기가 발성한 것을 그대로 따라 하는 것이 엄마의 역할은 아닙니다.

유아어는 엄마의 언어가 아니다

아기들은 운율이 있는 소리를 좋아해서 유아어는 초기 언어 발달에 중요하다. 아기는 18개월 무렵부터 급격하게 언어가 발달하기 시작한다. 이때 그림책을 통해 다양한 주제의 이야기를 읽어 주면 유아어에서 표준어로 넘어가기가 수월해진다. 아기가 단어를 배울 준비가 되어 있는데도 부모가 유아어를 쓰는 것은 언어 발달을 늦출 뿐이다. 언어는 다른 능력에 비해 양육 환경에서 오는 차이가 매우 크다.

5

어휘 창고를
좋은 단어들로 채워 주세요

눈에 보이지 않는 단어도 아는 아기들

1년 6개월이 지나면 아기들은 매일 새로운 단어를 배웁니다. 어른이 신경을 써 주면 매일 5~6개까지 새로운 단어를 배울 수도 있습니다. 이 시기의 아기들은 단어 그 자체의 의미만 익히는 것이 아니라, 들려오는 이야기의 의미까지 압니다. 예를 들어 옆집에서 "우유 먹자."라는 말이 들려오면, '옆집 아이가 우유를 먹는구나.' 하고 생각합니다.

따라서 눈앞에 없는 사람이나 물건을 말로 표현해도 이해합니다. 할머니가 집에 안 계서도 "할머니 어디 계시지?" 하면, 아기는 "어기(저기).”라고 대답하며 멀리 창밖을 내다봅니다. 이 단계에 이르면 아기와 엄마의 대화가 한결 재미있어집니다. 아기들은 이제 2~3분 정도는 가만히 그림을 보고 있을 수 있고, 그려진 부분을 가리키며 이름을 말하기도 합니다.

아기에 따라 조금 다르지만, 두 돌 즈음에는 단어 수가 급속도로 늘어나 300개 이상의 단어를 아는 아기들도 있습니다. 아직은 장난감이나 애완동물 또는 생활용품의 이름이 대부분이지만, 간단한 문장 수준의 대화를 나눌 수도 있습니다. 물론, 어휘력이 바탕이 되는 아기들에 한해서입니다.

두 돌이 지나면 의사소통이 거의 대화로 이루어지기 때문에 몸짓은 자취를 감추기 시작합니다. 급속하게 단어 수가 늘어난 아기는 ‘마시다’라는 동사, ‘크다’, ‘작다’는 형용사까지 써 가며 대화를 시도합니다. “사과 줄까?” 하면, “응. 큰 거.” 하고 말로 대답할 수도 있습니다.

그림책 보며 **사물 이름 익히기**

그림책을 읽어 주고 나서 부모가 해야 할 중요한 일은 책 속에 나오는 사물들의 이름을 정확하게 알려 주는 것입니다. 책 속의 그림을 가리키면서 “이게 뭐지?” 하고 물으면, 아기들은 ‘야옹이’, ‘멍멍이’, ‘까까’라고 유아어로 말할 수 있습니다. 그러면 “그렇구나. 고양이, 강아지, 과자구나.” 하고 고쳐서 말해 주는 것이 좋습니다.

아기들은 아직 혀와 입술을 정교하게 움직일 수 없어서 로봇은 '도못' 할아버지는 '하부지'라고 말합니다. 비슷한 자음이 두 개 있는 자동차는 '다동타' 나무는 '마무'라고 하기도 합니다. 그런가 하면 어두나 어미만을 말하는 경우도 많습니다. 요구르트를 '요구'라고 하거나, 바나나를 '나나'라고 발음하기도 합니다. 발음의 정교성이 아직 부족하기 때문에 나타나는 현상입니다. 이런 경우에 온 식구가 아기 말을 따라서 '하부지', '요구', '나나'라고 하면 아기의 말 배우기는 늦어집니다.

많은 어휘를 아는 것이 좋더라도 두세 살 아기에게 세상 모든 물건의 이름을 알려 줄 필요는 없습니다. 어떤 엄마들은 집 안의 물건마다 이름을 스티커로 붙여 놓고 수시로 읽어 주는 경우가 있는데, 만 2세 전의 아기에게는 압박감을 주어 스트레스가 될 뿐입니다.

이때의 어휘 공부는 그림책으로 하는 것이 가장 좋습니다. 책 속의 이야기를 따라가며 단어로 놀고, 단어로 노래하면 저절로 어휘력이 향상됩니다.

의성어 · 의태어는 즐거운 소리

이 시기의 아기들은 흉내 내기를 좋아합니다. 행동을 따라 하는 것도 좋아하지만, 소리나 몸짓의 흉내말을 특히 좋아합니다. 소방차를 보면 '앵앵' 하고, 강아지를 보면 '멍멍' 합니다.

아기에게 들려주는 의성어 · 의태어는 딱딱하고 날카로운 소리보다

"깡충 깡충"

부드럽고 운율이 느껴지는 소리가 좋습니다. 졸졸, 쏴아쏴아, 찰랑찰랑, 철썩철썩은 물놀이를 연상하는 소리여서 좋아하고, 씽씽, 부릉부릉, 덜컥덜컥, 뛰뛰빵빵은 탈것 소리여서 좋아합니다. 매애애애, 음매, 야옹야옹, 멍멍 같은 살아 있는 동물들 소리 역시 무척 좋아합니다.

엄마가 읽어 주는 그림책 속에서 이런 소리가 들리면 아기들은 눈을 반짝이며 들여다봅니다. 그리고 책 속에 그런 소리라도 들어 있는 것처럼 귀를 대 보고 두드려 보기도 합니다. 이런 일들은 자연스럽게 아기를 책읽기의 즐거움으로 안내합니다.

책을 읽어 줄 때는 천천히, 크게, 리듬을 살려 읽어 줍니다. 목소리 톤을 조금 높이고, 강조하듯 반복해서 생생하게 발음하는 것이 좋습니다. 반복과 생생한 발음은 두뇌와 단어를 단단하게 연결해 주는 효과가 있습니다.

부정적인 말과 **긍정적인 말**

어른들의 말투를 눈여겨보면 부정적으로 말하는 사람이 있고, 긍정적으로 말하는 사람이 있습니다. '좋아요', '멋있어요', '할 수 있어요', '해 볼게요'라는 말을 자주 쓰는 사람이 있는가 하면, '별로예요', '이상해요', '안 돼요', '뭐 하려요?' 이런 말을 버릇처럼 쓰는 사람도 있습니다.

말에는 일종의 최면 효과가 있습니다. 특히 부모의 말과 자신의 말이 갖는 최면 효과가 가장 강합니다. '못해요' 하면 정말 못할 것 같은 마음이 들지만, '할 수 있어요'라고 말하면 정말 할 수 있을 것 같은 내적 에너지가 발생합니다. 옛말에 '입살이 보살'이라고, 자신이 내뱉은 말대로 된다는 말의 주술성에 대한 속담이 있습니다. 그러니 한창 자라는 우리 아기에게 부정적인 말을 사용해서는 안 되겠지요.

한 사람의 언어 습관은 말을 배울 때 시작됩니다. '안 돼!', '못써!', '나빠!'라는 말을 자주 들으며 자란 아기는 부정적인 어휘를 사용할 확률이 긍정적인 말을 듣고 자란 아이들보다 다섯 배 이상 높다고 합니다.

모국어가 정확해야
외국어도 잘해요

모국어의 시작은 **사물 이름부터**

첫돌이 다가오면 아기들은 어른을 흉내 내기 시작합니다. 어른이 국을 먹을 때 '후루룩' 소리를 내면 아기도 따라서 '후루룩' 소리를 냅니다. 눈을 깜박이면 따라 하고, 발을 흔들어도 그대로 따라 합니다. '아이들 앞에서는 찬물도 못 마신다.'는 말은 아마도 이 시기의 아기들 때문에 생겨난 말인 것 같습니다.

이 시기의 아기들은 말은 못해도 어른들의 말은 정확하게 알아듣습니다. '밥 먹자', '목욕하자', '옷 입자', '세수하자' 등의 일상적인 말을 정확하게 알아듣고 협조할 태세를 취합니다. 이때가 바로 모국어의 기초를 다져 줄 시기입니다.

모국어 가르치기는 사물 이름부터 시작하는 것이 좋습니다. 엄마가 밥을 주면서 "밥 먹자." 하고 말합니다. 턱받이를 해 주면서는 "턱받이 해야지?" 하고, 머리를 빗기면서는 "머리 빗자."라고 말합니다. 이 시기의 아기들은 엄마에게 들은 물건의 이름을 95% 이상 두뇌에 입력해 둘 수 있습니다. 나중에 엄마가 "턱받이가 어디 있나?" 하고 혼잣말을 하면, 대부분의 아기들이 턱받이 있는 곳을 눈이나 손으로 가리킵니다. 말은 못해도 엄마가 발음했던 물건 이름을 아기들이 기억하고 있다는 증거입니다.

이런 사물 이름 놀이는 모든 세계인들이 모국어를 가르치는 공통된 방식입니다. 세계 어디에 사는 아기든 첫돌이 되면 사물 이름 기억하기부터 시작해서 모국어를 배웁니다.

아기들은 **엄마의 모국어**를 사랑한다

하버드대학교 심리학과 교수이자 언어학자인 스티븐 핑커는 어머니의 배 속에서도 아기는 엄마가 사용하는 말의 멜로디를 들을 수 있다고 했습니다. 이에 관한 재미있는 실험이 있는데 태어난 지 일주일이 안 된 프랑스 아기 30명과 독일 아기 30명의 울음소리를 분석했더니 그 나라 언어의 억양이 아기 울음소리에 그대로 반영되어 나타났습니다. 그리고 이런 실험도 있습니다. 스웨덴 아기 40명과 미국 아기 40명의 입에 젖꼭지 장치를 끼우고 모국어와 외국어를 들려주었더니, 외국어를 들었을 때 더 급하게 젖을 빨았습니다. 처음 들어 보는 낯선 소리에 아기들이 불안감을 느낀 것입니다.

아기들은 배 속에서부터 엄마의 말을 듣고 있었기 때문에 태어나자마자 엄마의 언어를 들으면 다른 언어를 들을 때보다 안정감과 친밀감을 느낍니다. 갓난아기들은 아무것도 모르는 양 눈을 감고 시치미를 떼지만, 사실은 오감을 통해 모두 알고 있습니다. 엄마는 아기들에게 모국어의 아름다움을 들려주어야 합니다.

외국어 교육은 만 6세에 시작하세요

외국어는 모국어를 완전히 익힌 뒤인 만 6세에 가르치는 것이 좋습니다. 이는 뇌에서 언어 기능과 연상 사고력을 담당하는 측두엽 영역인 '칼로좀 이스무스callosal isthmus'의 성장률을 관찰하면 알 수 있습니다. 칼로좀 이스무스는 4~6세에 20%의 성장률을 보이다가 7세가 되면 최고로 성장하고, 12세까지 80% 이상 발달합니다. 하지만 12세 이후부터는 성장이 급격히 떨어집니다. 6~12세 사이가 언어 학습의 최적기임을 알려 주는 것입니다.

이러한 뇌의 특성 때문에 언어 중추가 어느 정도 발달한 시기에 본격적인 외국어 교육을 시작해야 높은 교육 효과를 얻을 수 있습니다.

간혹 조기 교육을 위해 만 3세 전에 외국어를 가르치는 부모들이 있습니다. 그러나 유아기 아이들은 알파파, 즉 집중력 뇌파가 발달하지 않은 상태입니다. 기억력이나 집중력, 응용력이 발달하지 않아 많이 반복해도 머릿속에 잘 들어가지 않으며 스트레스만 받게 됩니다.

모든 언어는 서로 연관되어 있습니다. 그래서 하나의 언어를 철저하게 배우면 다른 언어로 건너뛸 수 있는 능력이 높아집니다. 나중에 외국어를 잘하는 아이로 만들고 싶다면, 모국어인 한국어를 철저하게 가르치는 것이 순서입니다.

모국어는 말하기를 위한 수단 이상의 의미를 갖습니다. 외국에 살면서 집에서는 한국어를 쓰는 엄마들은 이 시기에 어떤 언어를 모국어로 정할 것인가를 결정해야 합니다. 두 가지 다 잘하면 좋겠다는 생각으로 이 말 저 말을 쓰면, 아기는 이 말도 저 말도 서툰 아기가 되고 맙니다. 또 이 시기에 외국인 베이비시터에게 아기를 맡기면, 아기의 모국어는 손상을 입을 수밖에 없습니다.

7

그림책,
첫돌 아기에게 말을 걸다

첫돌 아기는 그림책의 당당한 독자

그림만 들여다보던 아기도 첫돌이 지나면 그 속에 이야기가 들어 있다는 사실을 알게 됩니다. 그래서 그림책을 들여다보며 혼자 중얼거리거나 고갯짓을 합니다. 이제 아기와 함께 그림책을 감상할 때가 된 것입니다. 그러나 아기는 아직 책 속에서 발견한 인상과 그 인상이 불러일으키는 생각을 남에게 전달할 능력은 없습니다. 그것은 이해력과 표현 능력이 탄탄해진 다음에야 비로소 가능해집니다.

그림책은 문자가 아니라 그림을 통해서 아기들에게 호소합니다. 화가가 그린 선이나 색채의 조화, 구도와 양식에 대한 심미적인 기쁨이 아니라, 스며들 듯이 다가오는 즐겁고 행복하고, 때로는 쓸쓸한 느낌 같은 것입니다. 이 시기의 아기들은 그림이 말해 주는 이야기를 귀로 듣는 것이 아니라 눈으로 발견합니다. 이제 자발적인 독서를 할 수 있는 입구 하나가 생긴 것이지요. 이제 아기도 당당히 독자가 될 준비가 되었습니다.

수많은 이야기가 담긴 그림의 효과

첫돌 지난 아기들에게는 동물 이야기나 친구 이야기, 가족 이야기가 담긴 책을 골라 주세요. 동물 친구들이 나오는 이야기라면 더욱 좋습니다. 만 1~4세 아기들에게 가장 인기 있는 주인공은 '아기 곰'입니다.

아기 곰은 세계 모든 아기들에게 최고의 인기 스타입니다. 그중 세계적인 스타는 1926년에 영국 작가 앨런 알렉산더 밀른이 창조해 낸 '곰돌이 푸우'입니다. 전문가들은 곰돌이 푸우의 인기 비결을 '몸집이 동글동글하고, 약간 뚱하고 순진스러운 표정으로 뒤뚱뒤뚱 걷는 모습이 걸음마 배우는 아기와 신통히도 닮았기 때문'이라고 분석합니다. 그래서 아기들은 얄미운 고양이나 재빠른 강아지보다는 아기 곰을 좋아하는 것입니다. 우리 어른들도 자기와 비슷한 또래의 주인공이 나오는 드라마를 더 좋아하는 것처럼요.

동물이 등장한다면 글씨는 없어도 좋습니다. 그림이 이야기해 주기 때문입니다. 아기들은 그림 속에서 많은 의미를 찾아냅니다. 말로는 할 수 없어도 아기의 두뇌는 카메라처럼 그림책의 모든 장면들을 찍어 둡니다. 그래서 사람이나 동물의 얼굴이 험상궂은 것보다 온화한 표정이 좋습니다.

엄마가 그림책을 보여 주고 읽어 주면 아기는 그림 외에 문자라는 것이 있다는 사실을 깨닫고, 그림과 문자를 구별하게 됩니다. 나중에 문자를 자각하면 문자도 많은 이야기를 담고 있다는 것을 알게 될 테지만, 아직은 그림을 통해서만 이야기를 받아들입니다.

책을 보고 아기가 중얼중얼 읽는 시늉을 하면 잘했다고 칭찬해 주어야 합니다. 이때 받은 칭찬은 책읽기에 대한 자신감으로 이어집니다.

사물 그림책은 **세상을 가르쳐 주는 책**

첫돌이 지난 아기들은 세상에 관심이 많습니다. 집 안 구석구석에서 무엇이든 만져 보고, 두들겨 보고, 꺼내 봅니다. 어떤 엄마는 2년이나 잊고 있던 물건을 아기가 장롱 구석에서 찾아냈다고 기뻐하기도 합니다. 이렇게 호기심으로 가득 찬 첫돌 아기들에게 가장 필요한 책은 사물 그림책입니다.

이 시기의 아기들은 새로운 것을 보면 "뭐야?" 하고 묻습니다. 그러면 "사과야.", "계란이야."라고 가르쳐 주는 엄마들이 대부분입니다. 그러나 아기가 궁금해한 것은 사과라는 이름이 아니라 속성입니다.

아기는 '맛있을까?', '어디서 가져왔지?', '엄마가 나에게 줄까?', '지난 번에 만졌다가 놀란 그 물건과 같은 건 아닐까?' 등등 여러 생각을 총 망라해 질문한 것입니다. 그런데 그것도 모르고 엄마가 "사과야."라고 간단하게 말해 주면 아기는 실망합니다. 호기심으로 똘똘 뭉쳐진 아기 의 두뇌는 잔뜩 기대했다가 실망하면서 학습 의욕마저 꺾이게 됩니다.

좋은 사물 그림책은 하나의 사물을 여러 각도로 표현해 아기들에게 넓은 세상을 가르쳐 줍니다. 넘실거리는 바다가 나오고, 흰 돛단배가 떠가는 모습이 보이며, 고기 잡는 어부들이 있는 그림책은 아기들에게 바다에 대해 가르쳐 줍니다. 그리고 어느 날 바다로 데려가서 갈매기 들과 돛단배와 고기 잡는 어부들을 보여 준다면, 아기들은 감격과 기 쁨을 감추지 못할 것입니다. 이런 감격과 기쁨이 두뇌 속에 수많은 시 냅스를 생성시킵니다.

8

그림책,
천천히 읽어 주세요

그림 속에서 **이야기를 찾는 시간**

첫돌을 전후해서 '까꿍 놀이'를 즐기던 아기들은 숨어 있는 것을 찾아내는 놀이에 흥미를 느껴 엄마에게 숨바꼭질을 하자고 조릅니다. 이제, 상상력이 싹트기 시작했다는 증거입니다. 눈에 보이지는 않지만 어딘가에 있는 것을 찾는 숨바꼭질은 자신의 상상력을 확인하고 싶어 하는 아기놀이의 일종입니다.

숨바꼭질을 좋아하는 아기들에게 가장 잘 맞는 책은 이야기의 대부분이 글씨로 씌어 있지 않고 그림 속에 숨어 있는 그림책입니다. 아기들 책 중에 '누구일까요?', '무엇일까요?'와 같은 제목을 단 책들이 바로 상상력을 자극하는 그림책입니다.

이런 그림책을 볼 때는 시간이 필요합니다. 그런데 엄마들은 빨리 읽어 주고 넘어가는 경우가 많습니다. 이것은 아기의 손을 잡고 100m를 어른의 속도로 빠르게 달리는 것과 같습니다. 어른에게 손목을 잡힌 채 질질 끌려가는 아기를 상상해 보세요. 얼마나 끔찍한 일인가요?

도서관이나 서점에 가면 엄마와 아이가 그림책을 훌훌 넘기면서 글자만 읽는 장면을 종종 보게 됩니다. 실제로 교보문고의 어린이책 코너에서 그런 젊은 엄마와 딸을 본 적이 있습니다. 엄마는 딸에게 그림책 7~8권을 30분 만에 다 읽어 주었고, 아이는 "응, 응." 하며 연신 고개를 끄덕였습니다. 엄마는 아주 열심이었습니다. 아마도 그 엄마는 친구들에게 자랑할 것입니다. "교보문고에 가서 그림책을 일곱 권이나 공짜로 읽혔어."라고 말이죠.

우리나라 어린이들은 그림책을 빨리 읽습니다. 부모와 아이들이 함께 그림책을 볼 때 걸리는 시간은 11분, 아이들 혼자서 그림책을 볼 때 걸리는 시간은 평균 9분입니다. 이 속도는 그림책을 읽는 바른 방법이 아닙니다. 그림책은 이야기를 읽는 책이 아니라, 그림 속에서 이야기를 찾아내고 또 이야기를 만들어 보는 책입니다.

그림책은 페이지마다 수많은 이야기를 담고 있습니다. 특히 찾기 그림책은 답을 찾는 것이 목적이 아니고, 찾아 가면서 만나는 것들에 대한 이야기를 숨겨 놓은 책입니다. 그래서 툭툭 건드리기만 해도 이야기가 우수수 쏟아질 것만 같은 그림들이 풍부하게 실려 있습니다. 이런 이유로 아기가 찬찬히 들여다보도록 시간을 주어야 합니다. 그림 속에서 이야기를 꺼내는 활동, 이것이 그림책을 읽는 올곧은 방법입니다.

아기에게 창작의 기쁨을 주는 그림책

글을 모르더라도 아기들은 18개월 정도만 되면 이야기를 만들기 시작합니다. 문자를 읽을 줄 몰라도 그림만 보고 중얼거리는 것은 바로 '그림 보고 이야기 만들기' 활동을 시작했다는 증거입니다. 그런데 자세히 관찰해 보면 아주 단순하게 단어만 나열하는 것이 아니라 '그래서'를 넣어, 간단하지만 기승전결의 구조를 가진 이야기를 만드는 것을 볼 수 있습니다. 18개월에 시작되는 창작 활동, 그것은 그림책이 아기에게 주는 또 하나의 선물입니다.

그림책을 읽고 독자가 찾아내는 이야기는 작가가 애초에 만들어 낸 이야기 그대로가 아닙니다. 문자로 이루어진 문학책을 읽을 때 독자는 80% 정도를 작가의 이야기에 의지하지만, 그림책의 경우에는 자유가 더 많이 보장됩니다. 그림책 독자는 20% 정도만 작가의 이야기에 의지할 뿐, 80%를 자신이 만든 이야기로 채워 나갑니다. 그래서 그림책을 읽을 때는 누구나 작가가 된 기쁨을 맛봅니다. 이것이 그림책을 볼 때 독자가 느끼는 창작의 기쁨이며 즐거움입니다.

9

책 다루는 법을
가르쳐 주세요

책을 **책으로 보게 된 아기들**

책을 입으로 가져가서 빨고, 질겅질겅 씹으며, 흔들고 구기고 깔고 앉던 아기도 첫돌이 지나면 책은 장난감과는 다르다는 것을 알게 됩니다. 엄마의 목소리를 1분 정도 집중해서 듣기도 하고, 엄마를 도와 책장을 어색하게 넘겨 보기도 합니다. 때로는 두세 장씩 또는 후루룩 한꺼번에 넘겨 봅니다. 또 읽어 주었던 책을 다시 읽어 달라고 가져오기도 합니다. 이런 행동들은 책 속에 재미있는 것이 들어 있다는 걸 알았기 때문에 나타나는 현상입니다.

책의 재미를 알게 된 아기들은 이제 책을 던지거나 찢지 않습니다. 잘못해서 책장을 찢을 때도 있지만, 일부러 찢는 일은 없습니다. 책을 거꾸로 놓으면 그림을 보고 바로 놓을 줄도 압니다. 비로소 책을 좋아하게 된 아기들은 5분에서 10분 정도 꼼짝 않고 책을 들여다봅니다. 그러면 이제부터는 '책 다루는 법'을 알려 줄 차례입니다.

책은 언제나 좋은 나의 친구

유대인의 전통 중에, 여섯 살이 되면 책에 꿀을 묻혀서 아기들이 빨아먹게 하는 전통이 있다고 합니다. 좀 비위생적이긴 해도 책 속에 달콤한 그 무엇이 들어 있다는 것을 가르쳐 주는 방법은 되었을 것입니다.

첫돌 지난 아기의 교육은 엄마의 솔선수범이 가장 효과적입니다. 그런데 우리나라 아기들은 책을 함부로 다루는 모습을 너무나 자주 보면서 자랍니다. 침을 묻혀 책장을 넘기는 사람도 있고, 두꺼운 책을 냄비 받침으로 쓰기도 합니다. 이사 가는 집 앞의 쓰레기 더미에는 책이 꼭 들어가 있고, 헌책방에 무더기로 팔아넘기기도 합니다.

책은 유익한 것이며, 언제나 좋은 친구임을 엄마가 먼저 생활 속에서 보여 주는 것이 좋습니다.

부모가 지켜야 할 **독서 습관 7가지**

첫째, 미소 띤 얼굴, 즐거운 표정으로 읽습니다. 잔뜩 찡그린 얼굴로 책을 읽으면 아기들은 책에 대한 부정적인 느낌을 받게 됩니다.

둘째, 책을 접거나 둘둘 말지 않습니다. 읽고 있던 책을 덮어야 할 때는 꼭 예쁜 책갈피를 꽂아 보관해 보세요.

셋째, 책 넘길 때 손가락에 침을 묻히지 않습니다. 침을 묻히는 것은 위생에도 좋지 않고, 책도 빨리 손상됩니다.

넷째, 누워서 읽지 않습니다. 엄마 아빠가 눕거나 엎드려서 책을 읽는 집은 아이들도 꼭 그렇게 봅니다.

다섯째, 앞에서부터 순서대로 읽습니다. 여기저기 보거나 뒷장 먼저 보는 것이 아니라, 책은 한 장씩 넘기는 것이라는 것을 알려 줍니다.

여섯째, 읽고 제자리에 꽂아 둡니다. 읽은 책을 바닥에 수북하게 쌓아 놓는 아이들이 있는데, 엄마 아빠가 꽂아 두면 아이들도 제자리에 꽂아 둡니다.

일곱째, 아기가 즐겨 보던 책을 더 이상 읽지 않는다고 버리거나 헌책으로 팔지 않습니다. 자기가 좋아하던 책이 갑자기 사라졌을 때, 아기들의 마음속에는 무엇이 싹틀까요?

10

책 읽는 모습을
보여 주세요

아기가 깨어 있을 때가 엄마의 독서 타임

한국독서교육개발원의 연구 파트너 엄마들에게 질문해 보았습니다.

"엄마는 하루 중에 언제 독서를 하나요?"

이 질문에 대한 답변은 '아기가 잠들었을 때'가 95%였습니다. 우리나라 엄마들은 아기가 잘 때 독서를 하고 있었습니다. 그래서 엄마들에게 메일을 보냈습니다.

"이제부터는 아기가 깨어 있을 때 독서를 하세요. 엄마가 책을 읽는 모습은 아기의 독서 습관 형성에 좋은 영향을 끼칩니다. 아기가 놀 때,

아기 앞에서 엄마가 책 읽는 모습을 보여 주세요."

영국 소아과협회에서 3,000명의 성인에게 기억에 남는 아름다운 엄마의 모습을 기억해 보라고 했더니 '자장가 불러 주던 엄마'에 이어 '책 읽어 주던 엄마', '책 읽던 엄마'를 우선으로 꼽았다고 합니다. 그리고 이런 추억을 가지고 있는 성인들의 대부분이 '어린 시절부터 독서 습관이 있었고, 지금도 독서를 좋아한다.'고 답했습니다.

하버드대학교 유아교육과 연구반은 만 6세 아이의 독서 능력에 대한 연구에서 '독서 습관이 있는 아이일수록 엄마가 책을 좋아했다는 기억을 가지고 있다.'고 밝혔습니다.

책 읽는 엄마의 모습은 아기들의 두뇌에 '책읽기는 아름다운 것'으로 인식되고, 훗날 책을 대할 때 친밀감으로 작용합니다. 그래서 '책 좋

아하는 사람'으로 아기를 기르고 싶은 엄마는 돌 지난 아기 앞에서 자주, 조용히 책 읽는 모습을 보여 주는 것이 좋습니다. 아기가 자란 다음에 책을 읽으라는 천 마디, 만 마디의 말보다 훨씬 효과가 클 것입니다.

책을 가지고 다니는 엄마의 효과

어디를 가든 책을 가지고 다니는 아이들이 있습니다. 이미 독서 습관이 형성되었다는 증거입니다. 이런 아이들의 독서 습관은 그냥, 어느 날, 우연히 생긴 것이 아닙니다. '책 읽어 주는 엄마', '책 읽는 엄마', '책을 가지고 다니는 엄마'에게서 전염된 것입니다.

나들이 갈 때 엄마는 화장을 마치고, 옷을 갈아입은 다음에 자신이 읽을 책 한 권을 가방에 넣습니다. 그러면 따라 하기를 즐기는 돌쟁이 아기들은 자기 책도 넣자고 합니다. 이때 어떤 책을 넣을 것인지는 아기가 결정하고, 아기 책은 아기 가방에 넣도록 합니다. 그러면 다음부터 아기는 나들이 갈 때 꼭 책부터 챙기게 됩니다. 기차 안에서라면 조용히 책을 꺼내 읽어 보세요. 그럼 아기도 책을 꺼내 보겠지요? 참 아름다운 풍경입니다.

심리학자들의 연구 결과 '책을 가지고 다니는 것은 일종의 자기 최면 효과가 있다.'는 사실이 밝혀졌습니다. 책을 가지고 다니는 아이가 가지고 다니지 않는 아이보다 책을 좋아할 확률이 세 배 이상 높고, 공부하는 것도 세 배 이상 즐거워한다는 것입니다. 실제로 중·고등학교에 가서 학생들과 면담을 해 보았습니다.

"공부를 해야 하는데 부득이 외출할 일이 생겼을 때나 그곳에 가서 공부할 시간이 없는데도 책을 가져가나요?"

공부 잘하는 학생들의 90%가 책을 가지고 간다고 답한 반면에 그렇지 못한 학생들은 22%만이 책을 가져 간다고 답했습니다. 또 공부 잘하는 학생들은 어린 시절부터 외출하거나 여행할 때 책을 가지고 다닌 학생이 87%나 되었지만, 성적이 낮은 학생들은 책을 가지고 다닌 경우가 11%였습니다.

책 부잣집 아이가 책 부자 된다

옛말에 '학자 집에서 학자 난다.'는 말이 있습니다. 또 '부모가 공부하는 것을 보고 자란 아이들이 공부를 잘한다.'는 말은 세대를 걸친 경험적 통계에서 나온 말입니다. '엄마의 된장찌개'라는 말도 비슷한 맥락입니다. 일류 음식점에 가서도 엄마의 된장찌개를 그리워하는 사람들이 있는데, 이는 어렸을 때 먹던 것을 커서도 좋아한다는 인간의 속성을 이르는 말입니다.

독서도 마찬가지입니다. 어렸을 때 책이 많은 집에서 자란 아이는 항상 책을 찾습니다. 볼 책이 주변에 없으면 지갑에 돈이 없는 것처럼 허전하다는 사람들도 있습니다. 책을 좋아하는 아이들에게는 딱 한 가지 공통점이 있습니다. 부모의 직업, 경제 사정, 사회적 지위, 학력에 관계 없이 집에 책이 많다는 사실입니다. 문화체육관광부와 한국출판연구소가 공동으로 연구해 2년마다 출판하는 〈국민독서 실태조사〉를 보면, 독서량이 많은 사람들은 평균 이상의 책을 보유하고 있었습니다. 부모가 교육열이 높아 사교육비를 많이 투자한다고 해도 집에 책이 많지 않은 가정의 아이들은 독서를 좋아하지 않았습니다. 다시 말하면, 독서를 좋아하는 아이들은 집에 책이 많고, 자신의 책이 많은 아이들입니다. 반면에 부모님 책은 많지만, 자신의 책이 없는 아이들의 경우에는 독서를 좋아하지 않았습니다.

빌려 보는 아기 책은 위험해요!

아기 책을 빌려 보는 것은 좋은 방법이 아니다. 종이는 닦을 수도 없고, 소독할 수도 없고, 뜨거운 물에 삶을 수도 없다. 여러 사람의 손을 거친 책은 자연히 비위생적일 수밖에 없다. 더구나 첫돌 전 아기들은 책을 입에 넣고 물고 빨기도 하므로 각종 세균과 바이러스에 노출될 가능성이 높다. 매번 젖병을 삶는 수고를 하듯이 좋은 책을 골라 새 책을 사 주는 수고를 마다하지 말자.

11

존경받는 아빠,
책 읽어 주는 아빠

아빠와의 관계는 **세 살 전에 결정된다**

외로운 아빠들이 많습니다. 아이들이 집에서 엄마만 찾고 아빠는 찾지 않는다고 속상해합니다. 아이들도 마찬가지로 아빠와 이야기를 나누려면 어쩐지 어색하고, 대화도 잘 통하지 않는다고 털어놓습니다.

어쩌다 이렇게 되었을까요? 아빠들이 육아에 적극적으로 참여하지 않았기 때문입니다. 이런 현상은 어느 나라나 마찬가지입니다. 미국의 아빠, 프랑스의 아빠라고 사정이 다르지는 않습니다. 세상의 모든 아빠들은 지금 가족에 흡수되지 못하고 그렇게 겉돌고 있습니다.

아빠와 아기의 친밀성은 세 살 전에 결정됩니다. 이 시기를 놓치면 그런 시기는 다시 오지 않습니다.

"지금은 바쁘지만 아기가 좀 더 크면 그땐 잘 놀아 줄 수 있을 거야. 아가, 조금만 참아."

아빠들은 이렇게 생각하지만, 아기는 기다리지 않습니다. 우물쭈물하는 사이에 훌쩍 커 버립니다. 어느새 학교에 입학하고, 또 어느 순간 아빠만큼 큰 체격이 되어 나타납니다. 이때 준비되지 않은 아빠는 다 커 버린 아이와 서먹서먹한 사이가 됩니다. 이것이 외로운 아빠가 되고 마는 세계 공통의 스토리입니다.

아빠들은 지금부터라도 자신의 역할과 권리를 찾아야 합니다. 아기들이 금방 자란다고 탓할 수는 없습니다. 살아가는 데 무엇이 더 중요한지 시시각각으로 판단해야 합니다. 최소한 책 읽어 주기, 목말 태워 주기, 둥개둥개 얼러 주기, 까꿍 놀이하기, 산책하기, 수수께끼 놀이하기, 그림자 놀이하기, 그림 그리기 등은 해야 합니다.

가끔씩 육아에 참여하는 아빠들은 엄마보다 더 역동적이고, 덜 다그치고, 더 기다려 주고, 배려해 주는 입장이 됩니다. 아기는 아빠에게도 사랑받고 있음을 느끼고, 더 안정적인 인격을 형성할 수 있습니다.

이 모든 것 중에서 가장 중요한 것이 있습니다. 그것은 바로 '책 읽어 주기'입니다. 아기 입장에서 보면 상대적으로 함께 하는 시간이 적은 아빠가 엄마와는 다른 어휘를 사용해 책을 읽어 주며 교감을 시도하는 것이 신선한 자극이 됩니다.

아빠가 가장 잘하는 것은 **책 읽어 주기**

유치원 아이들에게 아빠의 모습을 그려 보라고 했더니 소파 위에 딱 붙어 누워 있는 아빠를 그렸다는 우스개 이야기가 있습니다. 너무나 현실적인 이야기라 웃음이 나오지만 마냥 웃고 넘길 수 없습니다. 아빠의 소파 공간은 아이를 위한 책 읽는 공간으로 바뀌어야 합니다. 여유 시간이 생길 때마다 텔레비전이나 스마트폰을 보던 습관도 바꾸어 책을 들어야 할 때입니다.

많은 아빠들과 이야기를 나누어 본 결과, 아빠들이 잘 해낼 수 있는 것은 '책 읽어 주기'였습니다. 책 읽어 주는 일은 아빠들도 얼마든지 잘할 수 있습니다. 다음 글은 책 읽어 주기로 행복해진 아빠가 보내 온 편지입니다.

"저는 고등학교 체육 교사입니다. 아내가 아기를 낳고 나서 우리 가정은 변했습니다. 아내는 아기를 돌보느라 눈코 뜰 새 없이 바빴습니다. 그래서 저는 집에 오면 텔레비전만 끼고 살았습니다. 가끔 아내가 아기를 돌봐 달라고 하는데, 사실 저는 두려웠습니다. 연약한 아기를 안고 있으면 떨어뜨릴 것 같아 얼른 아내에게 주었어요. 제가 안으면 아기가 어찌나 우는지 불안하기도 했고요. 그래서 아기를 피하다 보니 언제부터인가는 완전히 외톨이가 된 기분이었습니다.

어느 날, 아내가 저에게 책을 한 권 주면서 집에 오면 아기에게 읽어 주라고 했습니다. 겨우 첫돌 지난 아기에게 책을 읽어 주라는 것이 이상했지만, 아내가 시키는 대로 읽어 주었습니다. 아기는 처음에는 책을 본숭만숭했는데, 매일 읽어 주니까 나중에는 제가 집에 오면 책을 가지고 무릎으로 기어올라 오는 겁니다. 아기를 품에 꼭 안고 책을 읽어 주는 기분! 처음 아빠가 되었을 때보다 더 감격적이었습니다.

지금은 아기와 제가 어떤 단단한 끈으로 묶여 있는 것을 느낍니다. 아마도 이것을 정신적인 유대라고 하겠지요. 정말 행복합니다."

그런데 이 아빠가 행복해질 일은 아직 더 남아 있습니다. 아기가 학교에 가서 공부를 잘하고 영리하다는 사실을 알게 될 때, 아빠는 더 행복할 것입니다. 그리고 그것이 자신이 해낸 일이라고 생각하면 얼마나 기쁠까요?

전자책보다
종이책이 좋아요

전자책이냐, 종이책이냐 그것이 문제로다

"아기에게 동화를 읽어 줄 때 종이책이 전자책보다 낫다."

미국의 소아청소년과 의사이자 저널리즘 교수인 페리 클라스가 미시간대학교에서 진행한 연구 결과를 인용하며 한 말입니다. 미시간대학교의 연구진들은 2~3세의 아기와 그 부모 37쌍을 불러 놓고 부모가 아이에게 책을 읽어 주는 방법을 세 가지로 달리 해서 실험을 진행했습니다. 하나는 종이책, 두 번째는 공감각적 효과가 없이 텍스트만 나오는 전자책, 세 번째는 소리와 애니메이션 효과가 있는 전자책이었습니다. 그중 하나를 무작위로 선택해 부모가 아이에게 책을 읽어 주는 모습을 비디오로 녹화했고, 전문가들이 그 과정을 세밀히 관찰했습니다. 그 결과, 종이책을 읽을 때 부모와 아이의 소통이 가장 빈번하게 일어나는 것을 발견했습니다.

"엄마, 뭐야?"

"정말, 무슨 일이 일어난 걸까?"

책을 다 읽고 나서도 부모와 아이는 책장을 앞뒤로 넘기면서 많은 대화를 나누고 있었습니다. 한 장면을 오랫동안 들여다보기도 하고, 질문도 하면서 종이책에 시선이 머무는 시간이 길었습니다.

반면에 전자책을 읽어 줄 때는 이야기에 집중하지 못하고 산만한 태도를 보였습니다. 알록달록 요란한 모양이나 색깔, 소리 등은 아이의 집중을 방해했습니다. 다른 효과 없이 텍스트만 보여 주는 경우에도 아이들은 책 속 이야기가 아니라 전자책이 나오는 스마트한 기기에 더 집중하고 있었습니다. 부모들은 산만해진 아이들에게 다음과 같은 말을 반복했습니다.

"잘 들어야지."

"그거 누르는 거 아니야."

연구를 진행한 미시간 대학병원의 티파니 문저 박사도 "아기와 소통하는 것이 책 읽어 주기의 목적이라면 종이책이 가장 훌륭한 테크놀러지다. 전자책은 유아의 두뇌를 산만하게 할 뿐 독서 효과를 주지 못한다."고 밝혔습니다.

전자책보다 **종이책의 학습 효과**가 더 크다

미국의 닐슨 노먼 그룹에서 이런 연구를 한 적이 있습니다. 24명의 소비자를 대상으로 헤밍웨이의 단편소설을 읽게 한 것인데 종이책, 킨들, 태블릿 PC, 데스크톱 PC 중 하나를 주며 읽게 했습니다. 예상한 대로 종이책으로 읽을 때가 가장 높은 집중력과 빠른 속도를 보였습니다. 태블릿 PC로 읽을 때는 6% 가량 느려지는 것으로 나타났고요.

우리나라의 한 방송국에서도 재미있는 실험을 했습니다. 우선 사전 검사를 통해 인지 능력이 비슷한 초등학생들을 선발했습니다. 그리고 같은 내용을 태블릿 PC와 인쇄물로 나눠 준 뒤, 복잡한 문장에서 특정 단어를 찾아내도록 난이도별 테스트를 열 번씩 반복했습니다. 그 결과 종이에 문제를 푼 학생이 여덟 번이나 문제를 푸는 속도가 빨랐으며, 오답률도 적었습니다. 두 그룹에게 태블릿 PC와 인쇄물을 뒤바꿔 주고 비슷한 실험을 했지만, 역시 종이를 받은 쪽이 속도와 정확도에서 우수했습니다.

종이가 전자 기기보다 익숙한 매체라는 점도 있지만, 인지과학자들은 자연에서 얻은 종이 매체가 전자 매체보다 인간에게 더 친화적인 물질이라는 점이 학습 효과를 높일 수 있었다고 말합니다.

지금 각국 정부는 전자책과 종이책의 교육적 효용성을 놓고 조심스럽게 저울질하고 있습니다. 그러나 아직까지는 전자책이 종이책보다 학습 효과가 높다는 연구는 발표되지 않았습니다. 다만 편리를 위해, 할 수 없이 전자 기기를 사용하는 경우가 있을 뿐입니다.

사람의 두뇌는 **종이책을 원한다**

미국 정부에서는 2세 이하 아이들에게는 아예 스마트 기기를 통한 독서를 하지 말라고 권합니다. 7세 이상의 아이들도 하루 2시간 이하로 전자책 사용 시간을 제한하라고 권고하고 있습니다.

미시간대학교의 제니 라드스키 박사는 "산만하게 하는 디지털 요소가 없으면 아이들은 더 많이 배울 수 있다."고 말합니다. 그도 그럴 것이 어릴 때부터 스마트 기기를 통해 전달되는 여러 시청각 정보를 접하다 보면 인지적 과부하에 놓이게 됩니다. 스스로 인지할 수 있는 양을 초과한 정보 때문에 두뇌에서 혼란을 초래하는 것이지요.

또한 스마트 기기로 책을 읽을 때는 게임을 하고 있을 때와 비슷한 하이베타파가 증가합니다. 뇌의 안정도를 높이는 알파파는 줄고, 초조하고 심리적 불안을 일으키는 뇌파가 급속히 증가해 읽는 내내 긴장 상태를 유지하게 됩니다. 그래서 스마트 기기 조작이 익숙한 아이들일수록 종이책은 쳐다보지 않고 온라인 게임에 빠질 위험이 높게 나타납니다.

스마트폰에 중독된 아이들의 뇌파를 조사해 보면, 감정 조절 능력, 대인관계 능력을 담당하는 우측 전두엽의 기능이 현저하게 떨어져 있는 것을 알 수 있습니다. 그리고 웬만한 현실의 자극에는 무뎌져 버리는 '팝콘 브레인' 현상이 나타나기도 합니다.

4

2~4세

그림이야기
시대

자기 중심적 사고를 시작하는 '미운 세 살'과 '예쁜 네 살'
그림책에서 이야기를 발견하고, 새로운 세상을 만나게 해 주세요.

책읽기는
언어의 추측 게임입니다.
그림책을 보기 시작하면
추측 게임이 시작됩니다.

다음 이야기를 상상하는
추측 게임은
생각하는 기쁨을 줍니다.

이 기쁨을 알게 된
아이들만이
책과 사랑에 빠집니다.

미운 세 살, 예쁜 네 살
세상의 중심에 서다

드디어 **미운 세 살**이 되다

두 돌이 지난 아기는 끊임없이 움직입니다. 걷는 모양이 어른처럼 자연스러우며, 두 발로 깡충거리고 종종걸음도 칠 수 있습니다. 멈추지 않고 모퉁이를 돌 수 있고, 숨바꼭질도 할 수 있습니다. 미끄럼을 타고, 그네를 타고, 세발자전거도 타고, 공차기와 공 던지기도 합니다. 30개월이 지나면 연필이나 크레용을 잡고 수평선이나 수직선을 그리며, 그림을 그리려고 끄적거립니다.

이 시기의 정신적 특징은 오로지 자신의 필요에 따라 세상을 본다는 것입니다. 모든 사람이 자기처럼 생각하고, 세상을 자기처럼 본다고 여기는 '자기중심적 사고기'의 절정에 도달한 것입니다. 그래서 거부당하거나 좌절하면 성질을 부립니다. 변덕이 심하고, 꾸중을 들으면 토라지거나 죄의식도 느낍니다. 이제 '미운 세 살'이 된 것입니다. 외모도 아이라는 표현이 어울릴 정도로 아기 때와는 다른 표정을 짓습니다.

미운 세 살의 아이들은 친구 개념이 싹터 장난감을 나눠 가질 수 있고, 혼자 노는 것보다 함께 노는 것을 좋아합니다. 30개월 정도가 되면 무엇이 받아들여지고 무엇이 금지되는지를 확실히 알아, 잘못한 다음에는 어른의 눈치를 살피거나 장롱 같은 데 들어가 숨기도 합니다. 양심이 싹튼 것입니다.

이때는 개성이 생겨 옷을 입을 때 까다롭게 신경 쓰는 아이들이 있습니다. 여자아이들의 경우는 머리 모양에도 신경을 쓰며, 자기가 싫은 옷은 절대로 입지 않습니다. 자아가 강해진 것입니다.

난 이제 **아기가 아니에요**

세 돌이 지난 아이들은 '아기'라고 불리는 것을 싫어합니다. 이름에 성을 붙여 불러 주는 것을 좋아하고, 다른 아이가 형이나 누나, 언니, 오빠로 불리면 무척 부러워합니다. 그래서 동생이 없는 아이들은 동생을 만들어 달라고 떼를 씁니다.

이 시기의 아이들은 몸속의 에너지가 용솟음쳐 잠시도 방 안에 있으려 하지 않고 밖으로 나갑니다. 추운 겨울에도 손이 빨갛게 될 때까지 밖에서 놀다 들어옵니다. 넓은 공원으로 나가면 모든 게 놀이가 됩니다. 대근육이 발달하여 난간을 잡지 않고 계단을 오르내릴 수 있고, 넘어질 때도 있지만 균형 감각도 제법 갖추게 됩니다.

세 살까지는 엄마의 도움을 받아 세수를 하던 아이가 어느 날 갑자기 엄마를 거부하고 혼자 세수를 합니다. 혼자 양치질을 하고, 혼자 단추를 끼워 옷을 입으며, 숟가락과 젓가락을 사용해 밥을 먹습니다. 어른에게 인정받는 것을 좋아해서 장난감을 정리하고, 정해 놓은 규칙을 지키려고 노력합니다. 그러면 어른들은 아이가 갑자기 착해졌다고 좋아하면서 '예쁜 네 살'이라고 말하지요.

언어의 발달도 눈부셔서 어른과 일상생활에 관한 대화를 자유롭게 나눌 수 있습니다. 그러나 아직 비유나 상징은 이해할 수 없어 깊은 대화를 나누지는 못합니다. "삼촌이 책하고 씨름한다."는 말을 들으면, "그래서 삼촌이 이겼어?"라고 말합니다. '그리고'나 '그래서' 등의 접속사를 사용해 문장을 길게 연결할 수도 있고, 기억력이 탄탄해져서 이름과 주소, 전화번호를 기억하고 말할 수 있습니다. 또 최근의 경험으로 3분 스피치도 할 수 있고, 들은 옛날이야기를 다른 사람에게 전할 수도 있습니다.

엄마, 엄마!
내 생각 좀 들어 보세요

자기의 생각을 **말로 표현하기**

엄마의 입 모양을 열심히 쳐다보던 아이가 이제는 자신이 대화의 주도권을 잡으려고 합니다. 자기가 말을 하고 싶을 때 엄마가 말을 하면, 엄마의 입을 손으로 막기도 합니다. 언어 능력이 뛰어난 아이들은 "엄마, 그만!" 하고 말로 의사를 표시합니다.

말을 많이 한다는 것은 그만큼 생각하는 능력이 풍부해졌다는 증거입니다. 말은 두뇌 속에서 그냥 나오지 않습니다. 상황에 따라 어떤 단어를 동원할 것인지, 또 어떤 내용으로 말할 것인지를 생각한 다음에 가장 적절한 단어와 내용으로 말을 조직합니다. 그래서 '말 잘하는 아이가 머리가 좋다.' 또는 '머리 좋은 사람이 말을 잘한다.'는 말이 생긴 것입니다. 말하기를 기피하는 아이들 중에는 두뇌 발달이 늦은 경우가 많습니다.

그러나 말을 잘하는 것이 달변을 의미하지는 않습니다. 상황에 맞게, 지루하지 않고 유머러스하게, 남에게 거슬리지 않고 설득력 있게 말한다는 의미입니다. 그렇게 말하기 위해 두뇌는 엄청난 노력을 기울이고 활동해야 합니다.

두 돌이 지나면 스스로 자신의 생각을 명확하게 표현하려고 애를 씁니다. 예를 들어 세 살인 아이는 혼자 놀면서 "이건 크니까 언니 거고, 이건 작으니까 내 거야."라고 말합니다. "싫어, 내 거야.", "싫어, 안 할 거야."처럼 기분을 표현하는 말을 많이 하고, "이거 좋아?"라든가 "수정이 예뻐?", "아기 착해?" 등 자기의 생각을 다른 사람에게 인정받고자 하는 말도 즐겨 합니다.

창의적인 언어학자의 탄생

이 시기의 아이들은 머릿속에서 생각이 꼬리에 꼬리를 무는 바람에 독특한 말을 창안해 내는 경우가 많습니다. 예를 들어 기중기를 '코끼리 차'라고 부르고, 초콜릿 우유를 보고는 '캄캄한 우유'라고 하기도 하며, 아빠의 다리털을 보고 '다리카락'이라고 소리치기도 합니다.

진주에 사는 윤석이 엄마는 네 살짜리 아들을 데리고 정육점에 갔습니다.

"어이쿠, 사모님! 고기가 떨어졌는데요. 내일 아침에 옵니다."

할 수 없이 집으로 오는데, 윤석이가 묻더랍니다.

"엄마, 아저씨가 고기를 쓰레기통에 버렸어?"

며칠 전에 다 떨어진 운동화를 쓰레기통에 버렸다는 말을 들은 아이가 고기가 떨어졌다는 말을 그렇게 이해한 것입니다. 아이들은 이렇게 창의적인 말을 만들어 가면서 말하기를 즐깁니다. 이때가 아마 일생 동안 가장 많은 말을 하는 시기일 것입니다.

이 시기의 아이들은 자기중심적으로 판단해 놓고, 그것이 진짜라고 믿어 버리기도 합니다. 어떤 단어를 발음했다고 해서 그 언어를 정확하게 아는 것은 아닙니다. 아이들의 자기중심적 사고는 언어의 의미에도 작용해서 자기만 아는 의미로 사용하기 때문입니다.

아이들은 어른들과 어울리면서 자기중심적인 언어에서 서서히 벗어납니다. 이때 어른들과 어울리지 못하면 더 오랫동안 자기중심적 사고기에 머물게 되고, 따라서 언어의 발달이 늦어질 수밖에 없습니다.

천천히, 반복해서 말해도 괜찮다

이 시기의 아이들은 같은 말을 여러 번 반복하면서 이야기를 끌고 나갑니다. "그래서……, 그래서……"라고 하거나 "아니야. 음……; 아니야."라고 말합니다. 아이들의 이런 말투를 걱정할 필요는 없습니다. 말할 것은 많은데 머릿속에 저장되어 있는 단어가 얼마 되지 않아 일어나는 현상입니다. 그런데 엄마들은 아이가 말을 더듬는 듯하면 법석을 떱니다.

"다시 한번 말해 봐. 천천히 말해 봐."

"숨을 크게 쉬고 다시 말해 봐. 자, 이렇게……."

그러면 아이는 주눅이 들어서 더 말을 더듬게 됩니다.

말 더듬는 아이들을 연구해 보면, 아이가 처음 말을 더듬었을 때 엄마들이 과민 반응을 보인 경우가 많습니다. 이럴 때는 어휘력을 늘려 주기 위해 하루에 30분씩 말하는 시간을 가져 보세요. 엄마와 꾸준히 이야기를 나누다 보면 아이의 생각이 매우 깊어집니다. 하루 30분 투자가 수많은 어휘를 입력시켜 주고, 학교에 입학했을 때에 좋은 두뇌와 높은 학습 능력으로 자리 잡게 됩니다. 아이가 말을 더듬는 것 같다면 온 가족이 말을 천천히 하는 것도 방법입니다.

3

들어 주자,
들어 주자!

아이의 말에 살을 붙여 되돌려준다

"할머니, 와. 저기. 오모 아찌."

세 살 된 아이가 이렇게 외치며 집으로 들이닥칩니다. 할머니가 나가 보니 딸의 약혼자가 오고 있었습니다.

"아, 우리 창윤이 고모와 결혼할 아저씨가 오는구나. 그래서 나에게 알려 주려고 뛰어왔구나. 어이구, 고맙네."

그러자 아이는 자랑스러운 표정이 되어 어깨를 으쓱합니다. 왜냐하면 그 아저씨가 오면 할머니가 엄청 바빠지니 조금이라도 일찍 알려 주어야 할머니에게 큰 도움이 된다는 판단 때문입니다.

아이들은 이렇게 말하고 싶은 것이 잔뜩 있지만, 아직 표현하는 데는 서툽니다. 말의 재료인 어휘가 빈약하기 때문이지요. 머리를 짜서 아는 단어를 동원해 가며 말을 했는데, 결국은 엉뚱한 어휘를 썼거나 앞뒤 순서가 틀린 경우도 있습니다. 그런 경우에 엄마는 적절한 단어를 사용해 완전한 문장으로 아이가 하고 싶은 말을 대신 말해 줍니다. 말하는 것이 너무 불완전해서 알아듣지 못할 때도, 그것은 아이의 책임이 아닙니다. 그때 엄마는 "미안, 잘못 들었구나. 다시 한번 말해 줄래?" 하고 다시 말하게 하는 것이 좋습니다.

아이의 말에 **맞장구를 쳐 준다**

대전의 한 유치원 선생님에게 들은 이야기입니다. 4세 반 아이 중에 그림책을 읽어 주면 "응, 응!" 또는 "으음……" 하거나 연신 고개를 끄덕이는 아이가 있었습니다. 다른 아이들은 그냥 듣기만 하는데, 그 아이만 늘 그런 반응을 보였습니다. 그런데 이상하게도 책을 읽어 주다 보면, 그 아이와 눈을 맞추며 읽는 자신을 발견했다고 합니다. 즉, 그 아이 앞에서 책읽기가 더 좋았던 것이지요. 그러나 잘 눈여겨보았더니, 선생님이 읽는 모든 것을 다 알아듣고 반응하는 것은 아니었습니다. 그 아이는 남이 읽어 주면 그렇게 해야 한다고 알고 있는 것 같았답니다.

선생님들도 아이들이 맞장구를 쳐 주면 이렇게 신이 나서 더 읽어 주고 싶은데, 하물며 아이들은 어떻겠습니까? 엄마가 맞장구를 쳐 주면 아이들은 신이 나서 더 말을 많이 하게 됩니다.

아이가 말하려고 할 때 엄마가 할 일은 아이의 말을 그저 열심히 들어 주는 것입니다. 특히 똑똑하게 말하는 아이로 만들려면 눈을 맞춘 다음 아주 진지하게, 열심히, 적극적으로 들어 주어야 합니다. 얼굴에는 빙그레 미소를 띠고, 고개를 끄덕이면서 "그렇구나!", "저런!", "어머나!" 등을 연발하면서 말입니다. 그러면 아이들은 아주 신이 나서 참새처럼 조잘댑니다. 말할 것도 없이 두뇌 속에서 수많은 시냅스가 만들어지는 순간입니다.

아이가 말할 때 건성으로 "어, 응." 하고 대답하면, 아이의 말하기 의욕은 꺾이고 맙니다. 특히 일하러 다니느라 바쁜 엄마들이 건성으로 듣는 경우가 많은데, 아이 말이 별로 중요하지 않다고 생각하거나 들으나 마나 쓸데없는 내용일 거라고 생각하기 때문입니다. 아이가 엄마의 성의 없는 반응을 눈치 채면 말하기에 대한 자신감을 잃어버립니다. 다른 일을 해야 한다면, 아이에게 양해를 구하고 다음 기회를 갖는 것이 좋습니다. 이 방법은 아이가 초등학생이 될 때까지, 아니 청소년 시기까지 계속하는 것이 좋습니다.

엄마를 귀찮게 하는
질문의 천재들

아이들은 **신중한 대답을 원한다**

"이거 뭐야, 엄마?"

"무슨 소리야, 엄마?"

"왜 그래, 엄마?"

얼마 전까지 어른과 대화할 때 수동적인 자세를 취하던 아이들이 세 돌이 지나면 질문자로 등장합니다. 언어가 자유스러워지자 이제까지 머릿속에서 맴돌던 생각들을 한꺼번에 쏟아 내는 현상입니다. 그동안 참았던 것을 다 끄집어낼 것처럼 질문의 횟수도 굉장히 많아집니다.

세 돌이 지난 아이들은 온 세상이 궁금합니다. 그래서 그것을 해결하고 싶어 말을 합니다. 이것이 시도 때도 없이 엄마를 귀찮게 하는 네 살 아이의 특성입니다. 그리고 궁금한 것이 생기면 질문을 하면 된다는 사실을 알게 됩니다. 또 질문에 대한 대답, 특히 '어떻게'에 대한 대답에는 똑바로 귀를 기울입니다. '어떻게'나 '왜' 다음에 중요한 말이 이어진다는 대발견을 한 것입니다. 보물 창고 하나를 발견하는 것처럼 날마다 새로운 질문을 찾아냅니다. 아이들은 이 발견을 즐깁니다.

하버드대학교 아동심리학과 교수 폴 해리스의 연구 결과를 보면, 4세가 되면 질문하기에 가장 이상적인 두뇌 상태가 된다고 합니다. 질문에 필요한 언어 기술을 습득했고, 뇌세포의 연결이 활발해져서 하루 평균 390가지 질문을 할 수 있다는 것입니다.

이때부터 자신의 질문에 성실한 대답을 들었던 아이의 두뇌와 무시당했던 아이의 두뇌는 차이가 벌어지기 시작합니다. 성실한 대답을 들었던 두뇌의 신경 세포는 창조적 사고를 발생시키며, 질문을 생성하는 최적의 상태로 성장합니다.

엄마는 아이의 질문에 성실하게 대답해야 합니다. 아이들은 부모가 즉흥적으로 얼렁뚱땅 대답한 내용일지라도 놓치지 않고 깊이 새겨 둡니다. 자신의 머리에서 나온 궁금증에 대한 답이기 때문입니다. 즉, 아이가 하는 질문이 부모에게는 하찮은 것일지 몰라도 아이에게는 매우 중요하다는 사실을 잊으면 안 됩니다.

질문의 방향과 깊이를 눈여겨본다

태어나서 3년 동안 아이들의 두뇌는 꾸준히 발달합니다. 그러나 모든 아이들이 똑같은 형태로 발달하는 것은 아닙니다. 엄마가 운영하는 학교의 교과서와 교육 방법에 따라 아이들의 두뇌는 각양각색, 천차만별의 모습을 나타냅니다. 우수한 두뇌로 자란 아이도 있고, 교육적인 자극을 별로 받지 못했거나 저속한 자극으로 말미암아 보잘것없는 두뇌를 갖게 되었을 수도 있습니다.

그러나 이 상태가 영원히 계속되지는 않습니다. 두뇌가 네 살부터 가지치기를 하기 때문입니다. 두뇌는 그동안 사용하지 않던 세포들을 가지치기해서 자신만의 독특한 두뇌 구조를 만듭니다.

특히 가지치기가 시작되는 만 3세 전에 엄마의 역할은 매우 중요합니다. 좋은 신경 세포에 자극을 주지 못해서 가지치기당하는 것을 막아야 하기 때문입니다. 이때 아이가 하는 질문을 잘 들어 보면, 어떤 세포들이 강화되고 어떤 세포들이 가지치기당하게 될지 알 수 있습니다. 그래서 만 3세가 되기 전에 엄마는 아이가 하는 질문의 양, 질문의 방향, 질문의 깊이를 눈여겨보아야 합니다. 그것이 아이의 뇌세포인 뉴런이 어떻게 발달할지 알려 주기 때문입니다.

예를 들어, 먹는 것은 관심 있게 질문하지만 자연 현상에 대해선 물어보지 않는다면, 자연 탐구를 담당하는 뉴런은 가지치기를 당하게 됩니다. 그러나 아직 크게 걱정할 필요는 없습니다. 지금부터라도 그 부분을 보완해 주면 되니까요.

신경가소성을 기억하세요

뉴런과 시냅스, 그리고 가지치기는 '신경가소성(Neuroplasticity)'과 관련이 있다. 신경가소성은 인간의 두뇌가 학습이나 경험 등에 의해 유연하게 변화하는 성질을 말한다. 과거에는 이런 신경가소성이 유년기에만 일어난다고 믿었지만 현재는 평생 동안 일어난다는 것이 밝혀졌다. 여기서 엄마들이 기억해야 할 것은 신경가소성이 가장 왕성한 시기는 3세부터 6세까지라는 사실이다. 이 시기에 많은 자극과 경험, 책읽기를 통해 일생을 함께할 탄탄한 두뇌를 만들어야 한다.

5

세 살 아이,
그림책에게 말을 걸다

생각하는 아이에게 그림책을

서른세 살의 젊은 엄마인 나는 울고 있었습니다. 그때 나는 전업주부였는데, 내가 아무것도 아니라는 생각이 들었습니다. 대학에서 조교를 하다가 결혼과 함께 퇴직하고, 세 아이의 엄마가 된 나를 이제는 아무도 기억해 주지 않았습니다. 게다가 잘하는 것도 없는 것 같고, 앞길이 한심해 보였습니다. 그래서 소파에 등을 기대고 울고 있었습니다.

그때 두 돌 지난 셋째 아들이 아장아장 걸어오는데, 손에는 반창고가 들려 있었습니다. 아이는 반창고를 내 뺨에 붙였습니다. 그래도 엄마가 우니까 눈물이 나오는 눈에 붙여 보고, 손에도 붙이고, 발에도 붙이고 열심히 붙여 나가는 것이었습니다. 계속 붙여 나가다 보면 아픈 곳을 찾아내어 엄마를 아프지 않게 할 수 있으리라 생각하는 것 같았습니다. 순간, 나는 정신이 번쩍 들었습니다. 그래서 얼른 웃으며 "이제는 아프지 않아."라고 말했습니다. 그랬더니 아들은 자기가 엄마를 낫게 했다는 자부심으로 얼굴에 웃음을 띠고 어깨를 으쓱거리는 것이었습니다.

세 살이란 이렇게 생각과 궁리를 시작하고 창의적인 생각의 근육을 키워 가는 나이입니다. 이때 필요한 것이 그림책입니다. 그림책은 그림으로 말하는 책입니다. 글이 있지만 글보다는 그림 속에 이야기를 담아 놓았기 때문에 그림책을 보는 어린이의 두뇌는 자연스럽게 그림 속 이야기 찾기에 몰입하게 됩니다.

그림책에서 이야기를 찾는 아기

그동안 책을 장난감처럼 가지고 놀던 아이도 생각하기 기능이 작동하기 시작하면 그림책이 다른 장난감과는 다르다는 사실을 알게 됩니다. 인형이나 완구보다는 살아 있는 강아지나 고양이를 더 좋아하고, 또 그런 동물보다는 책이 더 재미있다는 사실을 알아차립니다. 책속에는 실제 강아지나 고양이에게서는 얻을 수 없는 이야기가 들어 있기 때문입니다. 다음이 궁금해서 책장을 스스로 넘기기도 하고, 그 속에 나오는 그림을 가리키며 웃거나 좋아합니다. 이는 아이가 책을 읽을 때 필요한 사고력을 어느 정도 갖추었다는 것을 의미합니다.

아이가 이야기에 재미를 느끼면, 이제는 책과 헤어질 수 없는 친구가 된 것입니다. 이때 이야기 듣는 즐거움을 자연스럽게 책으로 옮겨 주는 것이 바람직합니다.

3~4세의 아이들에게 좋은 그림책으로는 생활동화 그림책, 이야기 그림책이 있습니다. 아이들은 점점 책 속에서 재미난 이야기를 찾으려 할 것입니다. 그러나 철학 그림책이나 우화 그림책에서 다루는 이야기는 아직 이해되지 않습니다.

친절한 대답은 NO, **되묻는 질문은 OK**

아이가 그림책을 보고 말을 거는 과정에는 두 단계가 있습니다. 하나는 그림을 보고 내용을 인식하는 단계이고, 다음은 상상한 것을 말하는 단계입니다. 이 두 가지는 모두 독서 능력을 발달시키는 기초 단계가 됩니다.

만 2세 아기들은 그림책을 펼치면 가만히 들여다보고 눈을 깜박이면서 그림책이 자신에게 하는 말을 듣습니다. 그리고 그에 대한 답변으로 중얼거리기도 합니다. 그런데 3~4세가 된 아이들은 그림책이 해 주는 이야기에 만족하지 못합니다. 스스로 그림책에게 말을 겁니다. 그림책을 펴고는 그림 속에 없는 이야기를 묻기 시작합니다.

"이게 뭐야?"

"강아지가 뭘 먹어?"

"엄마는 어디 갔어?"

이때 엄마가 할 일은 친절하게 대답해 주는 일이 아닙니다.

"이게 뭐야?"라고 묻는 정의적인 질문에는 답해 주어야 하지만, "강아지가 왜 울어?" 또는 "엄마는 어디 갔어?"라는 추리적인 질문에는 대답보다는 맞장구식 질문을 하는 것이 좋습니다. 이때 엄마가 눈을 동그랗게 뜨고 "그러게, 왜 울까?", "대체 어디로 갔을까?"라고 되물으면 아이는 더욱 신이 납니다.

이 시기의 아이들이 책을 읽다가 몰라서 묻는 경우는 드뭅니다. 알면서도 확인하기 위해서 묻곤 합니다. 그런데 엄마가 정답을 말해 주면 아이의 두뇌는 생각하기를 멈춥니다. 그러나 엄마가 되물으면 아이의 생각 발전소가 활발하게 움직입니다. 진도를 더 나아가, "엄마는 언제 올까?"라고 되물어 주는 것도 좋습니다. 그러면 아이의 생각하기 능력은 더욱 확대됩니다.

6

세 살 아이,
생활동화 그림책에 빠지다

생활동화 그림책은 **친구 마음 엿보기**

그림책은 사물 그림책, 생활동화 그림책, 이야기 그림책, 판타지 그림책, 글 없는 그림책, 과학 그림책, 철학 그림책, 역사 그림책, 우화 그림책 등으로 분류할 수 있습니다. 물론 이 같은 분류는 장르상의 분류가 아니라, 주요 내용을 구분해 보기 위한 방식입니다. 그림책의 주요 표현 방식은 그림이지만, 내용에 따라 난이도가 결정되기 때문에 아이를 위한 그림책을 고르기 위해서는 이런 구분을 염두에 둘 필요가 있습니다.

아이가 아장아장 걸어서 자기 마음대로 이동하면, 이제 정물화 같은 그림책은 심심합니다. 이제는 주인공들도 움직이는 그림책이 필요합니다. 아기 곰이 친구들과 놀거나 아기와 엄마가 나들이 가고, 아기와 동물이 이야기하며 노는 일상생활을 그린 생활동화 그림책을 준비할 때가 된 것입니다.

생활동화 그림책의 첫 번째 매력은 친구의 마음을 엿보는 것입니다. 나와 비슷한 아이가 나와 비슷한 놀이를 하고, 나와 비슷한 말썽을 피우며, 나와 비슷한 생각을 하는 그림책 속에서 아이들은 색다른 기쁨을 발견합니다. 이제까지 가족의 삶만 보아 오던 유아에게 이것은 새로운 세상의 발견입니다.

두 번째 매력은 친숙한 이야기입니다. 생활동화 그림책의 친숙한 이야기는 사물 그림책을 볼 때의 방관자적인 위치와는 다른 재미를 줍니다. TV로만 애니메이션을 보던 아이가 영화관에 가서 4D 영화를 보는 것만큼이나 놀라운 일이고, 혼자 드리블만 하고 놀던 아이가 여럿이 하는 축구에 한몫 끼었을 때의 기분과 비슷한 감격일 것입니다.

도덕적인 눈으로 보지 않기

생활동화 그림책은 대부분 바른 습관, 예절, 질서의식 등을 주제로 하는 것이 많습니다. 일부러 교훈적인 이야기를 하려는 의도는 아니어도 아이들의 생활을 표현하다 보면 자연스레 그런 일상을 표현하게 됩니다. 그래서 동화책을 읽어 주면서 부모가 어떤 질문을 하느냐에 따라 독서에 대한 인상이 달라집니다.

"곰돌이는 욕심을 부렸으니까 벌을 받아야 해." 또는 "곰돌이는 세수를 안 했으니까 혼이 나야 해." 같은 말은 독서의 즐거움을 위축시킵니다. 반면에 "곰돌이가 만든 눈사람은 어디로 갔을까?", "곰돌이 엄마는 왜 곰돌이를 몰라보았을까?" 하는 방식으로 아이들의 사고력을 자극하는 질문이 좋습니다. 이때 아이들이 엉뚱한 대답을 해도 상관없습니다. 틀렸다고 지적해 줄 필요도 없습니다.

엄마가 책을 읽어 줄 때에는 조금 높은 톤의 목소리로 천천히, 또박또박 읽어 줍니다. 그리고 아이가 충분히 그림과 스토리를 이해하고 머릿속에 담을 때까지 기다려 주세요. 일반적으로 10분에서 15분 정도 기다리면 아이들의 두뇌가 이해와 종합 작업을 마치고 엄마와 대화할 준비 상태가 됩니다.

그림책을 충분히 보지 못한 아이는 만화에 빠지기 쉽다

그림책에서는 그림 한 컷을 보고도 많은 이야기를 만들 수 있다. 그러나 만화 한 컷에서는 정보를 얻을 수 있어도 이야기 만들기가 쉽지 않다. 카툰이나 만평은 만화보다 좀 더 이야기가 숨어 있지만 비유와 상징이 많아 아이들에게는 아직 어렵다. 그림책 시대를 충분히 경험하지 못하고 문자 시대에 들어간 어린이일수록 만화에 빠질 가능성이 높다. 이는 그림책에 대한 퇴행의 즐거움 때문인데, 어린이뿐 아니라 어른도 만화를 보면서 퇴행의 즐거움을 만끽하는 사람들이 늘고 있다.

7

네 살 아이를 매료시키는
이야기 그림책

상상력으로 읽는 이야기 그림책

'이야기 그림책'은 이야기의 구조가 탄탄한 그림책을 말합니다. 명작동화, 전래동화처럼 널리 알려진 이야기에 그림을 입힌 책입니다. 생활동화 그림책이 비슷한 또래 아이들의 생활이 펼쳐지는 '남의 생활 엿보기'의 재미가 있다면, 이야기 그림책은 이야기의 흐름이 재미를 줍니다. 이야기의 흐름에 따라 그림이 배열되어서 그림을 보면서 이야기 만드는 데 몰입하기 좋지요.

아이들은 이야기 그림책을 대하기 전까지 엄마나 아빠의 목소리로 이야기를 들었습니다. 눈을 감고 또는 눈을 뜨고 굽이굽이 흘러가는 이야기를 들으며, 구슬을 꿰듯 사건을 꿰어 머릿속에 저장해 두었을 것입니다. 그런데 지금 아이들 눈앞에 바로 그 이야기들이 그려져 있습니다. 그래서 그림책 앞에서 아이들은 가슴이 설렙니다.

그림 속에는 아이들이 미처 생각지 못했던, 엄마 아빠의 이야기 속에서 듣지 못했던 더 많은 이야기들이 숨어 있습니다. 그래서 아이들은 자신이 가지고 있는 이야기의 원형에 살을 붙이는 데 골몰합니다. 이것이 이야기 그림책이 3~4세 아이들을 매료시키는 이유입니다.

읽기의 **주도권을 아이에게** 주세요

그림책을 볼 때 몇 자 안 되는 문장을 읽어 주기보다는 아이에게 이야기를 시키는 것이 더 좋습니다. 처음부터 읽어 주지 말고 그림 읽기를 아이에게 맡겨 보는 것입니다.

"와, 무슨 이야기가 들어 있을까? 재미있겠는데?"

엄마가 슬쩍 이렇게 말하면, 아이들은 그림을 보고 머릿속에 저장된 이야기의 목록을 검색합니다. 그러다가 운 좋게 엄마에게 들은 적이 있는 이야기와 비슷한 내용이 펼쳐지는 그림책이라면, 이때부터 책육아는 더욱 순조롭게 풀려 나갑니다.

"와, 그렇구나. 어디, 정말인지 읽어 볼까?"

엄마가 이렇게 말하면, 아이는 책장을 스스로 넘기기 시작합니다.

그리고 머릿속에 저장된 이야기와 그림이 들려주는 이야기를 종합해 가며 책을 봅니다. 그 이야기가 생소한 아이들도 문제는 없습니다. 아이들은 원래 그림 읽기의 천재이기 때문에 그림만 보고도 이야기를 상상해 냅니다.

이야기를 만들고 나면 아이는 엄마에게 글자는 뭐라고 써 있는지 읽어 달라고 합니다. 엄마는 그때 못 이기는 체하며 읽어 줍니다. 사실, 그림이 들려준 이야기에 비하면 글자가 전달하는 이야기는 빈약하기 짝이 없습니다. 아이들도 그것을 눈치 챕니다. 그래서 아이들은 자기의 이야기가 엄마가 읽어 준 이야기보다 더 정교하다는 것을 알고 자랑스러워합니다.

이제, 엄마가 아이에게 그 이야기를 들려 달라고 부탁할 차례입니다. 그러면 아이는 자랑스러운 마음으로 엄마가 읽어 준 내용에 자기가 그림 속에서 유추한 내용까지 종합해 이야기를 합니다. 물론 이때 엄마는 감격스러운 표정을 지어야겠지요.

그러나 그림책 읽기는 아직 끝나지 않았습니다. 아빠에게 다시 한번 들려주어야 합니다. 아이는 아빠에게 전할 때 앞서 만든 이야기에 살을 붙일 것입니다. 이때 표현력이 눈부시게 향상됩니다. 다음에는 할머니, 삼촌, 이모에게 전화로 들려주어도 좋겠지요?

더 좋은 방법은 며칠 후에 엄마가 그 그림책을 들고 넌지시 부탁하는 일입니다.

"은혜야, 이 책 엄마한테 읽어 줄래?"

그러면 아이는 신이 나서 읽기 시작합니다. 그러나 그 이야기는 지난주에 가족들에게 들려준 이야기와 같지 않습니다. 아이의 두뇌가 한결 정교하고 더 복잡한 이야기를 만들어 냈기 때문입니다.

강연회에서 만나는 엄마들 중에는 초등학교 고학년인 아이가 책을 스스로 읽지 않고 엄마에게 읽어 달라고만 해서 고민하는 엄마들이 많습니다. 이는 아기 때 그림책 읽기의 주도권을 항상 엄마가 가지고 있었기 때문입니다. 항상 엄마가 읽어 주었는데, 글자를 알게 되었다고 직접 읽으라니 귀찮을 수밖에요. 우리의 두뇌가 익숙한 것을 선호하고 새로운 것은 귀찮아하는 확증 편향적인 경향을 가지고 있기 때문에 일어나는 현상입니다.

그림책은 **말을 하지 않는다**

어느 날, 강연회에서 만났던 학부모 모임에서 전화가 왔습니다.

"네 살 아이에겐 하루에 그림책을 몇 권이나 읽어 주어야 하나요?"

그래서 내가 되물었습니다.

"지금 몇 권이나 읽어 주고 계신가요?"

그러자 엄마들은 지금까지 하루에 열 권씩 읽어 주었는데, 이웃 아파트 엄마들은 열다섯 권씩 읽어 준다고 하니, 어느 것이 맞냐고 물었습니다. 그래서 내가 대답했지요.

"하루에 한 권입니다."

왜 이런 대답을 했을까요? 어른들의 경우, 하루에 영화를 몇 편이나 보는 게 좋을까요? 열 편씩 보는 게 좋다고 말하는 사람은 아무도 없을 겁니다. 내가 직접 실험을 해 보았더니, 하루에 다섯 편을 봐도 머리가 팽팽 돌 지경이더군요. 나중에는 뭐가 무슨 이야기인지 뒤죽박죽되고, 영화라면 신물이 날 정도여서 한 3개월 동안 영화를 볼 수 없었습니다.

어른도 이럴진대, 아이에게 하루에 열 권이 넘는 그림책을 보여 준다는 것은 고문 중에서도 큰 고문일 것입니다. 이렇게 무리해서 그림책을 읽게 되면, 결국에는 그 미약한 독서 흥미조차 말살되어 책이라면 도망치는 아이로 만들 가능성이 높습니다.

책읽기는 단어나 문장의 뜻 그 이상을 의미합니다. 아이들 책이나 어른 책이나 마찬가지입니다. 책 중에서도 단어나 문장의 위력이 가장 약한 것이 그림책입니다. 그림책은 그림이 주인이고, 단어나 문장은 보조 장치일 뿐입니다. 물론 이야기를 이끌어 가는 것도 그림이고, 느낌과 감동을 주는 것도 그림입니다.

그림은 말을 하지 않습니다. 독자에게 이야기를 찾아내라고 가만히 있습니다. 그림책 작가는 이러쿵저러쿵 말로 설명하지 않습니다. 설명을 해도 일부만 조금씩 이야기해 주는 매우 불친절한 작가입니다.

그래서 그림책을 볼 때 사람의 두뇌가 가장 분주해집니다. 어떤 그림책이라도 읽을 때부터 상상하고, 이해하고, 추리하고, 판단하면서 줄거리를 만들어 가야 하기 때문이지요. 물론 독자들이 만든 이야기는 다 다릅니다. 상상력의 풍부성과 이해도의 높낮이에 따라 달라집니다.

그림책은 유아의 두뇌를 기쁘게 한다

인간의 두뇌는 원래 부지런해서 노는 것을 별로 좋아하지 않습니다. 새로운 것을 생각하고 궁리할 때 더 큰 기쁨을 느낍니다. 아이들도 지루하거나 똑같이 반복되는 것에는 싫증을 내며 언제나 새로운 것, 신기한 것, 변화를 좋아합니다.

책읽기는 언어의 추측 게임입니다. 그림책을 보는 동안 아이들 두뇌는 다음에 나오는 내용을 추측하는 게임을 시작합니다. 추측이 맞으면 기뻐하고, 틀리면 분발하게 됩니다. 이때 일어나는 기쁨이 한 권의 책을 끝까지 읽어 나가게 만드는 에너지가 됩니다. 그리고 책장을 넘길 때마다 자신이 발전해 가고 있다는 기분이 들어 두뇌가 즐거워집니다. 이 기쁨을 알아차린 아이들은 이제 책과 사랑에 빠지게 됩니다.

이런 현상에 대해 두뇌과학자들은 인간의 두뇌는 '고급 예측기'이기 때문이라고 설명합니다. 인간의 두뇌는 현실보다 한발 앞서기 위해 싸우는 성질을 가지고 있습니다. 이는 우리가 부딪치는 상황에서 가장 적절한 생각과 행동을 취하기 위해서지요.

이런 예측 기능은 아득한 옛날 인류의 조상들이 수렵 생활을 할 때 위험으로부터 자신을 지키기 위해 발달한 능력으로, 지금까지 인간의 DNA 속에 단단히 내장되어 있다고 합니다. 이 능력 때문에 인간은 다른 동물과 달리 환경을 개선하고 편리한 사회를 이루게 되었지요. 그런데 이 예측 기능은 우리가 책을 읽을 때에도 맹렬하게 활동합니다.

자연은 세상에서
가장 큰 그림책

8

먼 곳으로 **탐험을 떠나는 아이들**

3~4세가 되면 말로 의사소통을 하고, 혼자 걸어다닐 수 있습니다. 이때부터 아이들은 집 안보다는 바깥 세계에 관심을 쏟습니다. 실내에 있으면 밖으로 나가자고 조르고, 밖으로 나가서는 좀 더 멀리까지 가자고 조릅니다. 그래서 아이를 데리고 외출했다가 눈 깜짝하는 사이에 없어지는 소동이 벌어지곤 합니다. 그런데 나중에 찾고 보면 아이들은 늘 가던 곳이 아닌 낯선 장소에 가 있습니다.

"거기는 왜 갔니? 낯선 곳에 가면 안 된다고 엄마가 말했잖아!"

아이를 찾고 난 엄마들은 한결같이 이렇게 야단을 칩니다. 나도 아이를 잃어버렸다가 찾은 다음에는 언제나 이런 말로 다시는 그러지 말라고 했던 기억이 납니다.

하지만 아이는 이런 엄마의 마음을 이해하지 못합니다. 아이들은 끝없는 호기심으로 타박타박 걸어서 먼 그곳까지 모험을 떠난 것이기 때문이지요. 미아의 60% 이상이 3~4세 아이들이라는 통계를 보면, 이 시기의 아이들이 바깥 세계에 대해 얼마나 강한 동경심을 품고 있는지 알 수 있습니다.

자연이 마음과 생각을 넓혀 준다

3~4세 아이들은 부모가 외출할 때 따라가려고 떼를 씁니다. 그러고는 차 안에서 내내 창 밖을 내다보며 새로운 것을 볼 때마다 "저건 뭐야?" 하고 질문합니다.

아이들은 추상적인 사고를 할 수 없으므로 모든 것을 본 것 중심으로 이야기합니다. 보지 못한 것은 세상에 없는 것으로 인식합니다. 그러므로 아이들에게 넓은 세계를 보여 주는 것은, 곧 그들의 사고의 폭을 넓혀 주는 일이 됩니다. 그런데 요즘 아이들의 놀이 공간은 너무나 좁습니다. 시골 어린이들은 사정이 좀 낫지만, 대도시의 아파트에 사는 아이들은 좁은 공간 속에 갇혀 사고력을 키우는 데 제한을 받습니다. 하지만 우리에게는 자연을 간접적으로 느낄 수 있는 그림책이라는 무척 넓은 공간이 있습니다.

바버러 쿠니의 그림책 〈미스 럼피우스〉는 세상을 아름답게 만들기 위해 꽃을 심는 할머니의 이야기입니다. 그녀는 꽃씨를 뿌려서 집 주위는 물론 들판, 언덕, 학교, 교회 뒷마당까지 온통 꽃밭으로 만듭니다. 그래서 온 동네 아이들을 즐겁고 행복하게 해 줍니다.

정신과 의사들은 좁은 공간 속에 갇혀 자라난 아이들이 때로는 우울한 성격, 소극적인 성격, 편협한 성격으로 자랄 가능성이 크다고 합니다. 대도시의 아파트에서 자라는 아이들에게는 산과 들, 바다와 같은 넓은 공간을 의도적으로 자주 보여 줄 필요가 있습니다. 숲에 갈 일이 생긴다면 이렇게 어휘력을 키워 줄 수도 있습니다.

"자작나무잎이 반짝반짝 빛나는구나."

"새들이 모이를 먹네."

"풀숲에 패랭이꽃이 피어 있어."

자연을 소재로 하는 단어는 일상에서는 쉽게 들을 수 없는 단어가 많습니다. 새로운 단어가 등장하면 어휘력이 풍부해지는 것은 물론, 자연을 발견하고 세상의 신비함에 대해 관심을 갖게 됩니다.

자연은 가장 위대한 교과서

3~4세가 되면 실제로 살아 있는 장난감을 갖고 싶어 합니다. 강아지, 고양이, 개미, 파리, 꽃 등 움직이는 온갖 것을 다 좋아합니다. 이런

놀잇감은 플라스틱 장난감이 줄 수 없는 그 무엇을 줍니다. 그 무엇은 한마디로 딱 잘라 말할 수는 없지만 '감성'이라는 말로 표현할 수 있습니다. 만지고, 느끼고, 껴안아 보는 동안에 생기는 상호 작용입니다. 이때 꽃을 보고 아름다움을 느끼고 병아리를 보고 동정심을 느끼는 것은, 독서할 때 등장인물의 기쁨이나 슬픔을 똑같이 느끼고 공감하며 감동할 수 있는 감상력의 준비가 됩니다.

나비, 새, 나뭇잎, 꽃잎, 열매, 시냇물 등의 자연을 보여 주고 만지게 해 주려면 공원이나 산과 들, 시냇가로 자주 놀러 가는 것이 좋습니다. 이 시기의 아이들은 자연 속에서 보고 들은 것, 느낀 것을 말로 정확하게 표현할 수는 없어도 그 느낌을 기억 속에 영원히 간직하게 됩니다.

빌린 책은 남남 사이,
내 책은 우리 사이

내 소유의 책이 필요한 시기

아이가 말을 하고, 빨리 걷고, 뛰는 세 살이 되었을 때 가장 많이 하는 말은 "싫어!" 또는 "내 거야!"라는 두 마디입니다. 그러면 엄마들은 고분고분하던 아이가 갑자기 반항적으로 변했다고 당황합니다. 어떤 엄마는 아이가 버릇이 나빠졌다고 야단을 치기도 하지요. 그러나 그럴 필요는 없습니다. 세 살은 아동 발달상 제1 반항기이며, 논리적인 표현을 할 수 없어 "싫어!", "내 거야!"라는 두 마디를 통해 자신이 독립적인 존재라는 사실을 선언하는 것뿐이니까요.

이 시기에는 아이의 독립 정신에 맞게 책도 독립적으로 소유하게 해 줄 필요가 있습니다. 자신의 책이라고 지정해 주면 아이들은 그 책만큼은 다른 책보다 더 소중하게 여깁니다. 잠잘 때는 머리맡에 놓고 자고, 나들이 갈 때는 가방 속에 넣어 가려고 합니다. 책과 나는 떨어질 수 없다는 듯 이불 속으로 데려가기도 합니다.

아이의 책을 부모의 책꽂이에 함께 꽂아 놓을 수도 있지만 앙증맞고 예쁜 전용 책장을 만들어 주고, 그곳에 책을 꽂아 주면 더욱 기뻐합니다. 엄마가 아이 소유의 책을 볼 때마다 아이에게 허락을 받고 본다면 아이는 더 확실하게 소유권을 인지할 것입니다.

"내 책과 내 마음, 따로따로 떨어질 수 없어요."

이렇게 세련된 표현을 할 수는 없지만, 책을 소유한 아이들은 그렇게 말하고 싶을 것입니다.

빌린 책은 **이해도와 감동이 낮다**

책을 빌려주거나 헌책 중에서도 상품성이 있는 책들을 모아서 파는 중고 서점들이 있습니다. 그러나 이 시기 유아에게 빌린 책을 주거나 헌 책을 주는 것은 그리 좋은 방법은 아닙니다. 왜 그럴까요?

첫째로, 책을 소유하게 된 아이는 소유의 기쁨을 통해 책을 사랑하는 마음이 더욱 용솟음칩니다. 서점에서 마음에 드는 표지를 발견하고 자신의 소유로 삼아 소중하게 대하는 기쁨은 책과 친밀도를 이루는

데 기초가 됩니다.

둘째는, 빌린 책을 읽을 때와 직접 산 책을 읽을 때 이해도의 차이를 보이기 때문입니다. 내 책과 다른 사람이 보던 책은 손끝에 닿는 촉감이 다르고, 그 촉감의 차이로 마음을 여는 강도가 다르며, 감동도 다릅니다. 또 빌린 책은 깨끗하게 보아야 한다는 생각 때문에 뇌파가 경직되어 독서를 하면서 얻는 안정감, 행복감도 빈약할 수밖에 없습니다.

마저리 윌리엄즈의 동화 〈사랑받는 날에는 진짜가 되는 거야〉를 보면 아이가 사랑을 준 장난감 토끼가 어느 날 진짜 토끼로 변합니다. 아이의 사랑이 가짜 토끼를 진짜 토끼로 만든 것입니다. 책에도 진짜가 있습니다. 아이가 좋아하고 감동받으면 그것은 아이에게 진짜 책이 됩니다. 진짜 책이 생긴다는 것은 일생에 독서 습관이 붙는 최초의 사건입니다. 그런데 빌린 책은 곧 떠나갈 책이기 때문에 그런 기적이 일어나지 않습니다.

아이가 읽을 책을 모두 살 수는 없겠지요. 그러나 독서 습관을 들이려는 야심 찬 계획을 성공시키기 위해서는 어린 자녀에게 책을 소유하는 기쁨을 만끽하게 해 주는 것이 좋습니다.

10

왜 같은 책을 여러 번
읽어 달라고 할까?

아이의 눈높이로 생각한다

어른들도 처음 읽은 책의 내용을 단번에 알 수 없는 것처럼, 아이들도 한 번 읽었다고 다 알지는 못합니다. 매일 다른 책을 읽어 주면 어른은 따분하지 않아서 좋겠지만, 아이들은 어지럽습니다.

이 시기의 유아들은 언뜻언뜻 지나간 내용을 더 알고 싶어 합니다. 잘 몰라서 물어보고 싶은 것, 더 자세히 알아보고 싶은 것이 아직 많기 때문입니다. 어른들에게는 싱겁게 생각되는 것들이 아이들에게는 새롭고 놀라운 세상입니다. 그래서 만 4세가 되기 전까지는 책을 여러 번 반복해서 읽어 주는 것이 더 좋습니다.

또 어른들은 그만한 속도면 알아듣는다고 생각할 테지만, 아이들은 못 알아듣는 경우가 대부분입니다. 어려운 단어들이 복병처럼 숨어 있다가 느닷없이 튀어나오기 때문이지요. 어른들도 외국 영화를 보다가 대사가 빨라 자막이 휙휙 지나간다면 따라가기 어려운 노릇입니다.

만 2세 전 아기들은 다시 읽어 달라고 노골적으로 요구하지 못합니다. 마음을 표현할 언어가 부족하고, 무엇을 요구해야 하는지도 명확하게 모르기 때문입니다. 그러나 자아가 확립된 서너 살의 아이들은 노골적으로 요구합니다. 자기가 책을 찾아 가지고 와서 읽어 달라고 하기도 하고, 어떤 아이들은 책을 펴서 궁금한 장면을 찾아낸 다음에 그곳을 손가락으로 가리키며 재촉하기도 합니다.

항상 새 책만 찾는 아이들

한 번 읽은 책은 아예 쳐다보지 않고 새 책만 읽으려는 아이들이 있습니다. 이런 현상은 아이가 책에서 재미나 감동을 찾지 못했을 경우에 일어납니다.

독서에는 80%의 법칙이 있습니다. 아이가 80% 정도를 이해할 수 있는 책이 아이 수준에 맞는 책이라는 뜻입니다. 내용이 어려워 소화하지 못했을 경우, 아이는 더 이상 책에 관심을 두지 않고 다른 재미있는 것을 찾습니다. 반면에 내용이 너무 쉬우면 싱거워서 독서의 의욕이 꺾입니다.

세 살, 네 살 아이들에게 책을 읽어 주는 것은 책 속의 지식을 외우라는 것이 아닙니다. 두뇌를 자극하고, 생각하기 능력을 길러 주는 데 목적이 있습니다. 새 책만 찾는 아이들에게 가장 좋은 처방은 우선 발달 단계에 맞는 책을 고르는 것입니다. 그런 다음 책을 감성적으로 경험할 수 있게 도와주세요. 예를 들어 주인공의 마음 짐작하기, 주인공이 겪었던 비슷한 사건 떠올려 보기, 주인공에게 하고 싶은 말 생각해 보기 등등이 있습니다.

이런 감성적인 활동은 내용을 소화하고 책과 친구가 되는 데 도움을 줍니다. 어떤 책과 친구가 되고 나면 그 책은 아이와 떨어질 수 없는 운명의 책이 되어 항상 곁에 두고 다시 찾게 됩니다.

11

베드타임 동화,
무엇을 어떻게 읽어 줄까?

잠잘 때 왜 이야기가 필요하지?

이야기를 들려주면서 아기를 재우는 풍습은 아득한 옛날부터 내려
오는 전통입니다. 어느 지역, 어느 민족에게나 이런 '베갯머리 이야기'
또는 '베드타임 동화'라는 전통이 있습니다.

동서양을 막론하고 여러 민족의 베드타임 동화를 살펴보면, 공통점
이 있습니다. 이야기하는 사람이 엄마나 할머니라는 점, 늘 같은 이야
기를 해도 아이가 불평하지 않는다는 점, 한 부분을 누락시키면 아이
들이 먼저 알고 보충해 준다는 점입니다.

유아들은 엄마와 떨어져 혼자 잠 속으로 들어가는 일에 두려움을 느낍니다. 잠은 현실이 아니며, 꿈나라까지 보호자와 같이 갈 수 없다는 사실을 알고 있는 아이들은 분리 불안을 잊기 위해 이야기를 청합니다. 혼자 징검다리를 건너 다른 나라로 여행을 떠나는 사람처럼, 이야기를 들으면서 서서히 미지의 세계로 들어감으로써 불안감을 줄여보려는 것입니다. 이때 아이가 잠든 듯해 이야기를 그치려고 하면, "나 안 자." 하며 이야기를 계속하라고 합니다. 그리고 다시 이야기가 계속되면, 그제야 편안한 표정이 되어 잠 속으로 빠져 듭니다.

그러나 베드타임 동화를 들려주는 엄마와 할머니에게는 다른 목적이 있습니다. 아이들에게 가르쳐 주고 싶은 세상의 이치를 들려주자는 계획이지요. 할머니와 엄마가 들려주던 이야기 속에는 창작이 반쯤 들어가 있습니다. 엄마와 할머니들은 이 시간에 아마도 창작의 기쁨을 느꼈을 것입니다.

듣기 능력을 길러 주는 베드타임 동화

베드타임 동화로 세상에서 가장 유명한 사람은 독일의 문호 볼프강 괴테의 엄마입니다. 괴테의 엄마는 아들이 문자를 깨치기 전까지 동화를 들려주었습니다. 그래서 괴테는 3세에서 6세까지 엄마를 통해 전래 문학을 다 들었고, 수많은 동시를 들었습니다. 나중에 읽어 줄 책이 없어지자, 이번에는 반대로 괴테가 엄마에게 이야기 들려주기 놀이를 했습니다. 그동안 엄마에게 들었던 이야기를 괴테가 엄마에게 들려주는 독서놀이였는데, 매우 정확하고도 완벽한 스토리를 재현했다고 합니다. 그래서 후세의 괴테 연구가들은 괴테의 듣기 능력이 매우 높았을 것으로 추정하고 있습니다.

성공한 사람이나 존경받는 사람들의 특징 중에는 남의 말을 잘 들어 주는 '경청의 기술'이 있다고 합니다. 존경이나 성공은 다른 사람의 마음을 잘 헤아려야 얻을 수 있는 것인데, 그 헤아리는 기술이 바로 사람의 말을 듣는 기술이기 때문입니다. 괴테처럼 매일 밤 듣는다면, 경청의 기술이 저절로 높아질 것입니다.

베드타임 동화는 **익숙하고 아름다운 이야기로**

막 잠들려는 아이들은 몸이 노곤하고, 정신은 몽롱하며, 주의력이 그리 높지는 않습니다. 이런 상태의 아이들에게 그림책은 적당하지 않습니다. 그림책을 보는 독자라면 누구나 그 속에서 이야기를 찾아야 하기 때문에 두뇌가 왕성하게 활동해야 가능합니다. 그래서 그림책 읽기는 잠들려는 아이들에게는 부담스러운 활동입니다. 스마트폰이나 태블릿 PC 같은 전자 기기는 말할 것도 없습니다.

베드타임 동화는 익숙한 이야기가 좋습니다. 그중에서도 줄거리가 굽이굽이 흘러가는 전래동화가 제격입니다. 듣기만 해도 줄거리가 구슬처럼 꿰어지는 전래동화는 예부터 잠들려는 아이들에게 인기를 누려 왔습니다.

한 번도 읽어 준 적이 없는 새로운 이야기는 잠들려는 아이의 두뇌에 부담을 줍니다. 잠들기 전 이불 속에서 보내는 시간은 이야기의 내용보다는 엄마나 아빠의 목소리를 느끼고 싶은 오붓한 시간이니까요.

그러려면 아름다운 내용의 동화를 선택해야 합니다. 귀신 나오는 이야기, 피 흘리며 죽는 이야기, 원수 갚는 이야기 등은 적당하지 않습니다. 아동심리학자들의 연구에 따르면 무서운 이야기를 들려주는 날일수록 자다가 울거나 잠을 깰 확률이 높다고 합니다. 악몽은 안락한 잠을 방해하고, 신체 발육에도 안 좋은 영향을 끼칩니다.

12

집중하고 있을 때
방해하지 마세요

안정적인 아이가 **집중력이 높다**

어떤 어린이나 청소년이 산만하고 쉽게 포기하는 경향을 가졌다면, 그 아이가 네 살 즈음 무엇인가에 집중하고 있을 때 번번이 방해받았을 확률이 큽니다. 예를 들어 그림책에 몰두하고 있는데 누군가 말을 계속 걸었다거나, 그림을 보고 생각하는 중인데 엄마가 빨리빨리 읽어 주었거나 해서 아이의 집중력을 흩뜨려 놓았을 가능성이 있습니다. 또 너무 많은 장난감을 가졌거나, 잔소리를 많이 들으며 자란 아이들도 집중력이 낮은 편입니다.

집중력이 길러지지 않은 아이들은 선생님 말씀과 연필 굴리는 소리 중에 어느 것이 더 중요한지 파악하지 못하고, 주변의 모든 자극에 똑같이 주의를 기울입니다. '집중력'은 오감을 통해 들어오는 정보 가운데 중요하고 핵심적인 것을 찾아내서, 더 중요하고 본질적인 것에만 관심을 기울이는 능력을 말합니다. 수업 시간에는 친구가 속삭이는 말소리가 아니라 선생님의 말씀에만 초점을 맞추고, 독서할 때는 게임에 대한 유혹은 접고 책읽기에만 주의를 기울일 수 있는 능력입니다.

식사 시간, 잠자는 시간, 책 보는 시간 등이 일정하게 유지될 때 아이들은 안정적으로 눈과 귀를 집중할 수 있으며, 무엇이 더 중요하고 덜 중요한지 결정할 수 있습니다. 집중력은 아이가 현재 자신의 삶에 어느 정도 안정적으로 적응하고 있는가를 보여 주는 지표입니다. 엄마와 안정된 관계를 맺지 못하면, 아기는 불안정하고 충동적인 아이로 자라게 됩니다. 집중력을 기르기 위해서는 엄마와의 애착이 먼저 형성되어야 합니다.

혼자 노는 기술이 집중력을 길러 준다

혼자서 책을 보고, 장난감을 오래 가지고 노는 아이들이 있습니다. 혼자 노는 기술이 있는 아이들은 그렇지 못한 아이들에 비해 시간이 오래 걸리는 숙제도 잘하고, 학교에 들어가서도 차분히 앉아 있을 수 있습니다. 책을 끝까지 읽고, 글쓰기도 끝까지 완성하며, 달리기도 끝까지 해냅니다.

혼자 노는 기술을 길러 주는 것은 아주 중요합니다. 한 가지 일에 집중하는 능력과 자기가 하고자 하는 일을 끝까지 해내는 능력, 그리고 혼자 재미있게 시간을 보낼 수 있는 능력이 모두 포함됩니다.

엄마와 하루 24시간을 같이 있으면 혼자 놀 수 없겠지요. 혼자 놀기를 가르치기 위해서는 먼저 아이가 혼자 할 수 있는 놀이를 찾을 때까지 기다려야 합니다. 그런 다음 혼자 있는 시간을 만들어 줍니다. 여러 놀이를 하다가 아이가 집중하는 듯하면 "혼자 놀고 있어. 엄마 잠깐 갔다 올게." 하고 일부러 자리를 뜹니다. 그러면 아이는 고개를 끄덕이며 혼자 놉니다. 엄마와 조금도 떨어지지 않으려고 하는 아이도 집중할 때는 고개를 끄덕일 것입니다.

엄마가 다녀와서 칭찬해 주면, 아이는 '혼자 놀면 엄마가 칭찬해 준다.'는 사실을 두뇌 속에 입력시킵니다. 칭찬해 준 것은 강화되어 혼자 놀기에 대한 긍정적인 인식이 형성됩니다. 그러나 곧 온다고 말해 놓고 너무 늦어서는 안 됩니다. 그러면 아이는 화가 나고, 다시는 혼자 놀려고 하지 않을 것입니다.

그림책이 혼자 노는 기술을 길러 준다

강한 집중력을 가질 때 우리 몸에서는 도파민, 노르아드레날린, 세로토닌이라는 세 호르몬의 분비가 활발해집니다. 도파민은 정열, 긍정

등의 감정과 관련이 있어 동기 부여의 원천으로 작용하는 반면 노르아드레날린은 불안과 긴장을 유발시켜 단기 기억을 관장합니다. 그리고 세로토닌이 도파민과 노르아드레날린의 중재자 역할을 맡아 우리의 뇌를 한곳으로 집중시켜 오래 학습할 수 있게 도와줍니다.

혼자 노는 기술을 가르칠 때, 그냥 놀기만 한다면 집중할 수 있는 시간이 무척 짧습니다. 혼자 오랫동안 놀게 하려면 생각할 수 있는 기회를 주어야 합니다. 그런 면에서 책읽기는 가장 쉽고, 좋은 방법입니다. 그림책을 좋아하는 아이들은 그림에 빠져 혼자 놉니다. 그림 속에 있는 낯선 동물을 보고 웃기도 하고, 만져 보기도 합니다. 책에는 처음 만나는 것들이 가득해서 아이들을 쉽게 집중시킵니다.

학습 능력은 곧 집중력과 기억력의 싸움입니다. 그러므로 아이가 그림책에 집중해 있을 때는 가능하면 말을 붙이지 않고 질문이 있을 때까지 기다려 주어야 합니다.

우리 아이가 혹시 포모(FOMO)족?

포모(FOMO)족이란 'Fear Of Missing Out'의 약자로 '고립 공포심'을 앓고 있는 사람들을 뜻한다. 이런 사람들은 자의 반 타의 반 각종 모임에 참가하고, 모임에서 조금만 멀어지면 정보와 유행에서 뒤처지거나 왕따가 될지 모른다는 걱정에 열심히 관계를 유지하려 애쓴다. 그런데 이런 지나친 유대관계는 어려서 혼자 노는 기술을 터득하지 못한 사람들에게 나타나는 '타인 의존증'일 경우가 많다. 이 증세는 혼자 책 읽고, 혼자 생각하는 시간을 충분히 가졌던 아이들에게는 나타나지 않는다.

13

아빠가 책을 읽어 준
아이들이 더 똑똑하다

아빠가 읽어 주면 **더 집중해서 들어요**

세계에서 책을 가장 많이 읽는 스웨덴에서는 국가 독서 진흥 전략 차원에서 어린 자녀에게 책 읽어 주기를 돕는 다양한 정책을 펴고 있습니다. 그중에는 '아빠가 큰 소리로 책 읽어 주기'를 권장하는 정책도 포함되어 있습니다. 이 정책의 기저에는 '아빠가 읽어 주면 아이들이 더 집중해서 듣는다.'는 음성학적 이론이 깔려 있습니다.

집중을 일으키는 요소에 '호기심'과 '안정감'이 있습니다. 예를 들어 공부 시간에 집중해서 공부하는 아이들은 대부분 안정감 있는 환경에서 자랐거나, 알고 싶다는 지적 호기심을 가진 아이들입니다. 안정감 있는 환경과 지적 호기심이 충분하면 아이들은 저절로 학습에 집중할 수 있습니다. 그런데 아빠가 책을 읽어 주면 이 두 가지 요소를 충족시켜 준다고 합니다.

유아의 입장에서 볼 때, 엄마의 다정한 목소리도 필요하지만 아빠의 울림 있는 목소리도 필요합니다. 엄마의 책읽기가 매일 반복되는 평일이라면, 아빠와 함께하는 책읽기는 좀 더 흥미진진하고 기대되는 주말 같은 호기심을 불러일으킵니다. 더 크고 낮은 목소리로, 엄마와는 다른 방식의 독서는 색다른 정서적 교감을 불러일으키고, 아기들은 그 매력에 끌려 더 집중해서 듣게 됩니다.

또 상대적으로 함께하는 시간이 적은 아빠가 책을 읽어 주면 아빠에게도 사랑을 받고 있다는 것을 느끼면서 아기의 심신은 더 안정된 상태를 유지합니다. 그래서 중저음을 내는 아빠가 부드러운 목소리로 책을 읽어 주는 것은 느긋하고 행복한 시간일 뿐 아니라 집중력까지 높여 주는 시간이 됩니다.

아빠가 읽어 주면 더 똑똑해진다

'부모 둘 다 시간이 가능하다면 책은 아빠가 읽어 주는 게 더 효과적이다.'라고 발표한 연구가 있습니다. 2015년, 미국 하버드대학교 연구팀에서 책을 읽어 주는 주체를 엄마와 아빠로 나눠 아이의 어휘력, 이해력, 인지 발달 등의 상관관계를 조사했더니 의미 있는 결과가 나왔습니다. 아빠가 읽어 줄 때가 엄마가 읽어 줄 때보다 모든 면에서 높은 점수를 받은 것입니다.

아빠가 높은 점수를 받은 이유에 대해서는 다양한 해석이 존재하지만, 그중 하나가 질문 방법입니다. 책을 읽어 주고 나서 엄마와 아빠가 던지는 질문의 유형이 매우 달랐습니다. 엄마들은 책에 나온 사실 관계에 대한 질문을 많이 합니다.

"친구들은 왜 곰돌이를 몰라보았지?"

"곰돌이의 가족과 친구는 누구누구지?"

엄마들은 이런 독해력 질문을 많이 합니다. 그런데 아빠들은 과거 경험이나 실제 사례 등을 섞어 생각해 보라는 질문을 주로 합니다.

"친구들이 너를 몰라본다면 넌 어떻게 할래?"

"감기에 걸리지 않으려면 어떻게 해야 할까?"

같은 책을 읽어도 아빠들은 사고를 요하는 질문을 많이 해서 아이들의 뇌가 더 많은 자극을 받도록 합니다.

한편, 미국 노스캐롤라이나대학교에서는 '아빠가 엄마보다 더 다양한 어휘를 사용하기 때문에 아이의 언어 능력 발달에 더 도움을 준다.'는 연구 결과를 발표했습니다. 그러면서 엄마들은 유아어와 생활어를 많이 쓰고, 아빠들은 표준어, 사회어를 사용하는 경향이 높아 아이의 언어 발달에 더 좋은 영향을 주었다는 해석을 내놓았습니다.

영국 옥스퍼드대학교에서도 비슷한 결과가 있었습니다. '아빠의 책 읽어 주기의 효과'라는 주제로 연구를 진행했는데 만 7세 아동 3,300여 명을 추적 조사한 결과, 아빠가 책을 읽어 준 아이들의 읽기 성적이 더 높았고, 청소년기에 정서적인 문제를 겪을 확률도 낮았습니다.

유아 시절에 아빠가 읽어 준 그림책 몇 권이 이렇게 아이의 성장에 영향력을 미칠 수 있다는 사실을 모든 아빠들은 기억해야 합니다.

5

4~5세

옛날이야기 시대

강한 모방 심리가 고개를 드는 시기입니다.
전래동화를 통해 아이의 가치관을 형성시켜 주세요.

'나는 참 괜찮은 사람이야.'
이렇게 생각하는 아이들은
행복합니다.

어려울 때마다 꺼내 쓸 수 있는
보물 창고 하나를
가슴속에 지녔기 때문입니다.

'자신감', '용기', '자기 정체성'
그 힘을 옛날이야기의
주인공이 키워 줍니다.

1

다섯 살의
독립 선언서

엄마, 나 좀 보세요

만 4세가 되면 아이들은 외적으로나 내적으로 매우 아름다운 모습이 됩니다. 신체적으로는 근육을 자유롭게 움직일 수 있어서 유연한 동작을 거뜬히 해냅니다. 춤추기, 그네타기, 축구하기, 야구하기에서 아름다운 포즈를 취할 수 있습니다. 얼굴의 근육도 자유로워져 윙크도 하고, 카메라 앞에서 표정을 꾸미기도 합니다. 발음이 제법 정확해져 말도 또박또박 합니다.

신체와 언어에서 자신감을 얻은 다섯 살 아이들은 조금 건방져져 엄마를 우습게 보는 경향도 생깁니다.

"엄마는 몰라요."

"엄마는 그것도 몰라요?"

말버릇이 나빠졌다고 걱정하지만, 사실은 자신감의 상승에서 오는 자연스러운 현상입니다.

정신적으로는 자신에 대한 확신이 생겨 예의 바른 말과 행동을 할 줄 압니다. 어른의 지시를 따르고 타인과 협동할 수 있으며, 존댓말을 쓰며, 고집을 부리는 일이 적어집니다. 이제 사회적 순응이 시작된 것입니다. 이때부터 어른이 심부름을 시키면 끝까지 임무를 수행하려 노력하고, 그림 그리기도 완성할 수 있습니다. 자아정체성이 생겨서 남이 나를 어떻게 보는가에도 신경을 쓰고, 칭찬 듣기를 무척 좋아합니다. 반면에, 꾸중을 들으면 주눅이 들고 우울해합니다.

이제 사회성이 생긴 아이들은 가족을 떠나 이색적인 분위기에 들어가기를 원합니다. 엄마를 떠나 유치원에 가고 싶어 하고, 처음 만나는 선생님의 말씀을 잘 따르며, 유치원 가는 일을 즐거워합니다.

다섯 살 유아의 **모방 심리와 상상력**

이 시기의 특징으로는 강한 모방 심리를 들 수 있습니다. TV 프로그램이나 유튜브 영상을 보면 금방 따라 하기 때문에 시청 지도가 필요합니다. 특히 폭력적인 장면이나 선정성이 강한 장면은 피하는 게 좋습니다.

속초에 사는 승운이 엄마는 어느 날 아이들 방에서 작은 아이가 자지러지게 우는 소리가 들려서 달려가 보니 다섯 살짜리 아들이 세 살짜리 제 동생을 때려눕히고 있었습니다. 큰애를 야단치면서 왜 그랬느냐고 묻자 "영화에서는 그렇게 때려도 벌떡 일어나는데⋯⋯." 하더랍니다. 또, 부산에 사는 혜주 엄마는 외출하고 돌아와 보니 아이들이 방에서 성교놀이를 하고 있더랍니다. 너무 놀라서 아이들에게 사정을 들어 보니 "동영상에서 그렇게 하는 걸 봤어요."라고 했답니다. 강력한 모방 심리가 낳은 현상입니다.

또 이 시기의 아이들은 수다쟁이여서 그럴듯한 변명도 늘어놓고, 지어낸 이야기를 스스로 믿어 버리기도 합니다. 이런 경우, 어른들은 거짓말을 한다고 걱정하지만, 그것은 부도덕에서 오는 거짓말이 아니라, 넘치는 상상력의 표현입니다.

인간의 상상력은 만 3~4세부터 발달하기 시작하여 만 5~6세에 절정에 이르렀다가 점차 약화됩니다. 그래서 만 8~9세가 되면 정말로 있었던 사실에 더 가치를 두기 때문에 판타지 동화보다는 위인전이나 뉴스 읽기를 좋아합니다. 만일 만 3~4세 아이들의 상상 활동을 제한하거나 논리적인 현실 세계로 들어가기를 서두른다면, 아이의 상상력은 타격을 받게 됩니다. 아이가 거짓말을 한다고 〈이솝 우화〉의 '양치기 소년'을 읽어 주는 엄마들이 있습니다. 이런 방식의 독서 지도도 어린이의 상상력 발달에 부정적인 영향을 줍니다.

2

아름다운
'너 메시지'의 힘

엄마, 나는 어떤 아이인가요?

만 4세가 지난 아이들의 마음은 의문으로 가득 차 있습니다. 가장 큰 의문은 '나는 누구지?', '나는 어떤 사람이지?' 하는 것들입니다. 이것은 자기를 정의 내리는 정체성에 대한 질문으로, 청소년이 되고 나서도 계속됩니다.

아이의 마음은 '너는……'으로 시작되는, 자기를 정의 내리는 어른의 말에 큰 영향을 받습니다. 이것을 심리학적으로 '너 메시지' 또는 '자기 정의'라고 합니다.

메시지의 내용이 "너는 멋있어."든 "너는 게을러."든 상관없이 자기보다 나이 많은 어른들, 특히 엄마나 아빠가 보내는 메시지는 무의식중에 아이의 잠재의식 속에 단단히 뿌리내립니다. 초등학생이라면 이것저것 따져 보고는 '엄마는 지금 사실을 말하고 있지 않아. 화가 나서 공연히 저러는 거야.'라고 생각할 수도 있지만, 6세 미만의 아이들은 추리적 사고력이 빈약하여 그런 메시지를 무방비 상태로 받아들입니다.

엄마의 말에는 최면 효과가 있다

엄마의 '너 메시지'가 가장 강력하게 각인되는 시기는 만 4세를 전후해서입니다.

"에구, 그럴 줄 알았지. 네가 잘하는 게 뭐 있어야지. 그냥 온통 실수투성이라니까. 멍청해 가지고는. 으이그, 골칫덩어리! 내가 저 애를 왜 낳았을까? 에구, 속 터져. 아이고, 내 팔자야!"

평소에는 그렇지 않지만, 화가 나서 이성을 잃으면 이런 말을 하는 엄마들이 간혹 있습니다. 이런 말들은 아이에게 각인되어 스스로 '나는 멍청한 아이구나. 아, 나는 할 수 없을 거야. 나는 엄마를 속상하게 하는 나쁜 아이야' 하는, 자신에 대한 부정적인 정의를 내리게 합니다. 어린 시절에 형성된 이런 부정적인 자기 정의는 스스로 떨쳐 버릴 수 있는 강력한 힘을 기르지 못하는 한, 아이의 일생을 어둡게 만들어 버럽니다.

"어머! 참 잘했구나. 어떻게 그런 생각을 했니? 네가 자랑스러워!"

이런 긍정적인 말을 듣고 자란 아이와 부정적인 말을 듣고 자란 아이의 미래는 다르게 진행됩니다.

내가 무엇을 잘한다고 느끼는 감정은 매우 중요한 감정입니다. 그 감정은 두뇌에 깊숙이 각인되어 일생을 따라다닙니다. 반대로 내가 무엇을 못한다는 감정도 한번 들어오면 떨쳐 버리기 어려운 트라우마가 됩니다.

"우리는 스스로에 대해 잘 알기보다는 주변의 반복된 평가를 통해 자신의 모습을 발견한다." 프랑스의 사회심리학자 로랑 베그의 지적처럼 자기 자신에 대한 평가는 대부분 타인의 판단으로부터 옵니다. 특히 유아 시절에는 부모나 사회가 자기에게 보내는 신호에 강한 영향을 받습니다.

로즌솔의 손가락

하버드대학교 심리학과 로버트 로즌솔 교수는 한 초등학교에서 학생 20%를 무작위로 뽑았다. 이 명단을 담임교사들에게 주면서 '지능지수가 높은 아이들'이라고 말했다. 8개월 뒤 놀라운 결과가 나타났다. 명단에 오른 학생들이 다른 학생들보다 평균 점수가 월등히 높아진 것이다. 이 결과에 대해 로즌솔은 '교사는 명단 속 학생들에게 긍정적이고 우호적인 메시지를 보냈을 것이다.'라고 해석했다. 중요한 것은, 로즌솔의 명단이 분석에 의해서가 아니라 손가락 가는 대로 지명되었다는 것이다.

3

다섯 살 아이,
전래동화에서 배우는
인생의 법칙

새롭게 만나는 **또 다른 세상**

그동안 골든타임 책육아를 차근차근 따라온 아이들은 만 4세를 전
후해서 전래동화에 푹 빠집니다. "엄마, 책 읽어 주세요." 하며 책을 들
고 엄마를 졸졸 따라다닙니다. 전래동화의 무엇이 아이들을 이렇게 만
드는 것일까요?

2~3세 아이들은 엄마의 목소리와 관심 때문에 책 읽어 주는 시간을
기다렸습니다. 때로는 그림에서 전해지는 아름다운 느낌에 온몸을 맡
기고 즐거워했습니다. 그러나 4세가 되면 아이들은 책 내용에서 무엇

인가를 찾아냅니다. 마치 북데기 속에서 알곡을 골라 먹는 병아리들처럼 이야기 속에서 자기에게 필요한 가치관을 골라 가집니다.

이야기가 굽이굽이 흘러가고 별별 이상한 사건이 벌어지는 이국적인 이야기, 마녀가 나오는 무서운 이야기, 어린아이가 부모와 이별하는 슬픈 이야기, 괴물을 물리치는 용감한 이야기……. 이렇게 현실과는 동떨어진 이야기일수록 아이들에게는 더욱 매혹적으로 다가옵니다.

때때로 어른들은 이렇게 생각합니다. '지금 달나라도 가고 우주 여행도 하는 시대에 그런 구닥다리 이야기를 아이에게 읽어 줄 필요가 있을까? 차라리 과학 이야기를 읽어 주는 게 좋지 않을까?' 하고 말입니다. 그러나 다섯 살 아이는 어른들과 처지가 다릅니다. 우뇌로 생각하는 아이들은 아직 좌뇌의 영역인 과학을 이해할 준비가 되어 있지 않습니다. 아이들은 먼 나라로 탐험을 떠나고 싶고, 이상한 사람들이나 요정을 만나고 싶어 합니다. 이런 아이들의 꿈을 채워 주는 것이 전래동화입니다.

할머니의 무릎 학교에서 배우는 인생의 법칙

동양에서나 서양에서나 '전래동화' 하면 할머니가 떠오릅니다. 옛날부터 아이들에게 전래동화를 들려주는 일은 할머니들이 도맡아 왔기 때문입니다.

"돈은 떨어지고 배는 고픈데, 그만 해가 꼴깍 넘어가 캄캄한 산속에서 길을 잃어버렸네. 그런데 멀리서 반짝반짝하는 불빛이 보이는구나……"

그러면 아이들은 그 어둠 속에서 어떤 일이 일어날 것인가를 상상하며 침을 꼴깍 삼킵니다. 그러면서 자신의 상상이 맞을지, 어긋날지 결과를 기다립니다. 이때 할머니의 이야기가 자신이 상상한 방향으로 흘러가면 쾌감을 느끼고, 어긋나면 배반의 아픔을 느낍니다. 그러면서 다음 이야기를 기다리느라 할머니의 주름 잡힌 입만 쳐다봅니다. 상상력을 동원해 이야기에 감성을 입히는 활동, 이것이 전래동화 듣기의 교육성입니다.

전래동화가 처음 만들어지던 시기는 아마도 호랑이가 담배 피우던 아득한 옛날이겠지요. 그때의 부모들도 지금의 부모들처럼 가치 있는 무엇을 자녀들에게 가르쳐 주고 싶었을 것입니다. 더구나 인간의 목숨이 유한하다는 사실을 알고 있는 부모로서 그런 교육적 욕망은 그때가 더 강했을지도 모릅니다.

문자도 없고, 학교도 없던 시대의 어른들이 선택할 수 있는 교육 방법은 이야기 형태밖에 없었습니다. 부모에게는 이렇게 하는 것이 좋다, 친구 간에는 어떻게 하는 것이 좋다 등의 단단한 교훈 조각을 흘러가는 이야기 속에 넣어 떡 반죽하듯 버무려서 아이들에게 주었을 것입니다. 학교가 없던 시절, 시간이 남아돌던 아이들에게 그런 이야기는 얼마나 달콤했을까요?

전래동화는 수만 년 동안 구전을 통해 내려온 인류 공동의 재산입니다. 자식을 키우던 엄마나 할머니들은 기억력에 의지해, 그때그때 자신이 전해 주고 싶은 내용을 이야기 속에 박아 넣어 아이들에게 들려주었을 것입니다. 세계 어느 민족의 전래동화나 거의 비슷한 것은, 이런 구전 과정에서 수많은 사람들이 참여하여 삶의 보편타당한 이치를 담게 되었기 때문입니다.

우리나라의 〈콩쥐 팥쥐〉는 독일의 〈아셴푸틀〉이나 프랑스의 〈신데렐라〉, 중국의 〈섭한〉, 베트남의 〈카종과 할록〉과 비슷한 가족의 도리를 담고 있습니다. 세계의 전래동화들은 겉으로는 도깨비 이야기, 마녀 이야기, 두꺼비 이야기, 난쟁이 이야기이지만, 속에는 그런 삶의 이치가 오롯이 숨어 있습니다.

전래동화에서 **문제 해결의 법칙**을 배운다

다섯 살쯤 된 아이들은 그들 나름대로의 갈등을 겪게 됩니다.

'엄마는 왜 나보다 동생을 더 예뻐하는 걸까?'

'맛있는 과자를 나 혼자 다 먹어 버릴까, 말까?'

'모자를 잃어버렸는데, 엄마한테 말할까, 말까?'

이런 아이들에게 등대와 같은 구실을 해 주는 것이 전래동화입니다. 전래동화 속의 주인공들은 반드시 인생의 큰 문제에 봉착합니다. 그리고 그것을 해결하기 위해 정직하고 성실한 행동을 합니다. 이런 모범적인 주인공을 보면서 아이들은 삶의 문제를 해결하는 방법을 배웁니다.

전래동화 속에는 옳은 것과 그른 것, 착한 것과 악한 것에 대한 갈등과 해결 방안이 녹아 있습니다. 욕심을 부리다 가난해지는 형과 가난하지만 정직하고 착한 동생이 행복해지는 〈흥부 놀부〉, 형들에게 바보라고 놀림을 받았지만 성실함으로 부자가 되는 〈바보 이반〉 등을 읽으면서 아이들의 가치관은 자연스럽게 탄탄해집니다.

이 시기의 아이들에게 정의는 옳고, 악은 징계받아야 한다는 권선징악을 말해 봤자 소용없는 일입니다. 그러나 전래동화 속에 들어 있는 이런 가치관은 아이들의 머릿속으로 쏘옥 들어갑니다. 마치 초콜릿이 살살 녹으면서 목구멍으로 흘러 들어가듯이요.

전래동화에서 **용기의 법칙**을 배운다

전래동화는 모험 이야기입니다. 정의 하나에만 의지하여 위험한 세상을 타박타박 떠나는 용기 있는 사람들의 이야기입니다. 이런 전래동화 속 주인공들은 강력한 상상력을 불러일으켜 동일시를 쉽게 경험할 수 있는 다섯 살배기 아이들을 반하게 합니다.

예나 지금이나 부모들은 소중한 자녀를 위험한 세상 속으로 보내려 하지 않습니다. 소중한 아이들에게 모험을 시킬 수 없다고 생각해서 한사코 안 된다고 속삭입니다. 그러나 전래동화는 '떠나라!'고 속삭입니다. 이런 갈등 속에서 전래동화는 아이들에게 간접 경험을 제공해 줍니다. 결코 모험을 떠날 수 없는 세상에서 모험을 하도록 마음을 움직여 줍니다. 아버지의 약을 구하기 위해 온갖 유혹을 뿌리치고 약을 구해 오는 이야기에서 불쑥불쑥 모험심이 용솟음칠 것입니다.

독일 아이들은 〈브레멘 음악대〉를 읽으며 난관을 극복하는 용기를 배우고, 일본 아이들은 〈모모타로〉 이야기에서 작은 아이가 강한 것을 물리치는 배짱과 용기를 배우며, 우리나라 아이들은 〈도깨비 방망이〉를 들으며 꾀와 지혜를 발휘해 보물을 얻어 오는 용기를 배웁니다.

이렇게 아이들은 전래동화에서 다른 세상을 발견하고, 더 넓은 세상을 동경하게 됩니다. 마음속에 자리잡은 이런 감정은 훗날 청소년이 되었을 때, 작은 일에 좌절하지 않고 나아갈 수 있는 힘이 됩니다.

4

전래동화 100% 즐기는
엄마의 질문법

책 읽어 주고 **이야기 나누기**

부산의 한 유치원에서 선생님이 〈늑대와 일곱 마리 아기 염소〉를 읽어 주자, 한 아이가 손을 들었습니다.

"선생님! 아빠 염소는 어디 갔나요?"

선생님은 좀 당황했지만, 좋은 질문이라고 말하고 나서 아이들을 둘러보았습니다. 그랬더니 여기저기서 대답이 나왔습니다.

"돈 벌러 갔어요."

"회사에 갔어요."

"병원에 입원했나 봐요."

"외국으로 출장 갔어요."

그런데 한 아이가 작은 목소리로 "돌아가셨어요."라고 말했습니다. 예상하지 못한 대답이라 선생님과 아이들이 놀란 눈으로 그 아이를 바라보았습니다. 아이는 그림책 한 페이지에 그려진 염소 사진을 가리켰습니다. 알고 보니 아이의 아버지는 한 달 전에 교통사고로 세상을 떠났는데 그 아이는 그림 속 벽에 걸린 사진을 영정으로 해석했던 것입니다.

이와 같이 아이들은 책을 읽고 나면 마음에 떠오르는 어떤 생각을 표현하고 싶어 합니다. 내용이나 그림에 대한 궁금증일 수도 있고, 줄거리일 수도 있으며, 주인공의 행동에 대한 자신의 견해이거나 책을 읽고 얻은 감동일 수도 있습니다. 책을 읽고 일어나는 이런 반응은 동서고금, 남녀노소를 막론하고 공통적인 현상입니다. 그런데 책을 읽어 주고 나서 아무런 대화도 나누지 않고 끝낸다면 책이 주는 보물의 10% 밖에 전해 주지 못하는 셈이 됩니다.

책을 읽어 주고 **정리할 시간 주기**

책을 읽어 주자마자 숨 돌릴 틈도 없이 단도직입적으로 무언가를 말해 보라고 하는 엄마들이 많습니다. 그러나 아직 정리되지 않은 머릿속에서 훌륭한 감상이 나오기는 어렵습니다. 또 표현력이 부족해서 순조롭게 이야기할 수 있는 아이도 드뭅니다.

감상을 말하기 전에 준비하는 과정이 필요합니다. 잠시 생각해 보는 시간을 주는 것입니다. 이때 주의할 점은 다음과 같습니다.

첫째, 읽어 준 이야기가 아이의 두뇌 속에서 줄거리로 정리될 수 있도록 다른 활동을 하지 않고 10분 정도 앉아 있게 합니다.

둘째, 처음에는 부모가 묻고 아이가 대답하는 형식을 취하다가, 차츰 아이가 묻고 부모가 대답하는 형식으로 바꿔 나갑니다.

셋째, 책을 읽고 이야기할 때, 마치 시험 보는 것처럼 정해진 답이 있는 질문을 던지면 아이들은 틀릴까 봐 부담을 느낍니다. 상상하기처럼 정답이 없는 질문이 더 좋습니다. 아이가 말하는 답변이 틀리더라도 지적하거나 고쳐 주지 않는 것이 좋습니다. 다섯 살 아이들을 위한 책육아의 목표는 정답 찾기가 아니라 독서에 대한 흥미 기르기입니다.

엄마의 질문 수준이 아이의 사고 수준

같은 동화라도 엄마의 질문에 따라 내용이 달라지고 교육 효과도 달라집니다. 이제 다섯 살이 된 아이들은 네 살 때와는 다르게 사회생활에 관심을 갖고, 도덕성에도 눈을 뜹니다. 그래서 어느 것이 옳은지에 대한 갈등을 겪는 이야기를 좋아하고, 선과 악 또는 진실과 허위, 현명과 우둔, 정의와 불의 등의 도덕적 가치관에 관심을 갖습니다.

이제 책육아는 보다 적극적으로 이루어지는 것이 좋습니다. 이야기를 통해 알아 가는 것이 아니라, 엄마의 질문을 통해 사고의 방향을 잡아 가야 합니다.

전래동화 〈우렁 각시〉를 읽어 주고 엄마와 아이가 묻고 대답합니다.

"우렁 각시는 왜 가난한 총각네 집으로 갔을까?"

"총각이 좋은 사람이라서요."

"왜 총각이 좋은 사람이라고 생각했니?"

"총각이 엄마에게 잘해서요."

"그래? 부모님에게 잘하면 좋은 사람이구나?"

"응, 그런 거 같아요."

이쯤 되면 '효도하면 복 받는다.'는 가치관을 엄마가 더 이상 강조하지 않아도 아이 스스로 깨우친 게 분명합니다. 그러나 많은 부모들이 질문을 '줄거리 알기'로 대처하는 경우가 많습니다.

"너, 우렁이가 뭔지 알아?"

"몰라요."

"논에 사는 달팽이같이 생긴 거야. 이거 봐."

"엄마, 그런데 왜 논에 살아요?"

"옛날부터 논에 살았으니까 그렇지."

"엄마는 실제로 봤어요?"

"아니."

이런 대화가 오고간다면 동화를 읽고 무엇을 배울 수 있을까요?

확산적 사고를 길러 주는 질문들

"흥부가 착하니? 놀부가 착하니?"

"흥부!"

"넌 흥부처럼 될래? 놀부처럼 될래?"

"흥부!"

"어이구, 똑똑한 내 새끼!"

이런 질문은 대화의 방향을 엉뚱한 곳으로 이끕니다. 엄마학교에서는 좀 더 책의 핵심으로 끌고 들어가는 질문을 필요로 합니다. 그런 질문이어야 아이들의 사고력을 확산시켜 줄 수 있습니다.

사람은 시력이 약해서 별을 볼 수 없습니다. 그러나 망원경으로 보면 별을 볼 수 있습니다. 엄마의 독서 지도는 아이에게 망원경으로 별 보는 법을 가르쳐 주는 것과 같습니다. 아이의 두뇌가 생각하지 못한 세계를 엄마의 질문으로 열어 주는 방법입니다. 그런데 엄마가 이것이냐, 저것이냐 식의 질문으로 끌고 간다면, 아이의 두뇌는 확산적으로 사고할 여지가 없습니다.

"흥부는 왜 재산을 받지 못했을까?"

"흥부네 부모님은 왜 돌아가시기 전에 똑같이 나눠 주지 않았을까?"

"흥부는 어떻게 하면 재산을 받을 수 있을까?"

"놀부는 왜 동생인 흥부에게 재산을 나누어 주지 않았을까?"

이런 질문을 하면, 5세 아이들도 대답합니다.

"놀부가 혼자 차지하려고 동생 걸 빼앗았어요."

"부모님이 동생하고 나누어 가지라고 말하지 못하고 갑자기 돌아가셨어요."

"흥부가 달라고 안 했어요."

"놀부는 주고 싶은데, 부인이 주지 말라고 해서요."

"흥부는 자식이 많아서 준 걸 금방 까먹었어요."

아이들은 이렇게 다양한 대답을 합니다. 아이들의 두뇌가 한 가지 대답만 마련한다는 것은 두뇌의 큰 손실입니다.

기억력을 높여 주는 **줄거리 전달하기**

전래동화의 매력은 '줄거리 발견하기'입니다. 산맥에서 금광을 발견하듯 아이들은 책 속에서 줄거리를 발견해 가며 기쁨을 느낍니다. 이 기쁨을 배가시키는 가장 효과적인 방법은 자신이 발견한 줄거리를 남에게 전달해 주는 일입니다.

같은 글이라도 말하는 사람에 따라서 줄거리가 달라집니다. 어떤 아이는 짧게 대충대충 말하지만, 어떤 아이는 살을 붙여 가며 길고 자세하게 말합니다. 이때 틀렸다고 수정해 줄 필요는 없습니다. 이야기를 진지하게 들어 주기만 하면 됩니다.

아이가 이야기할 때 엄마는 줄거리의 순서와 인과 관계가 맞는지 살펴보는 정도만 확인합니다. 순서나 인과 관계가 맞지 않아도 교정해 줄 필요는 없습니다. 다만, 아이가 이야기를 충분히 이해하고 있는지 가늠

하는 준거로 삼기만 하면 됩니다.

아이들은 자신이 만든 이야기를 두뇌 속에 통째로 저장합니다. 그래서 나중에 누군가 내용을 조금이라도 빼놓고 이야기하면, 당장 그 부분을 지적합니다. 이런 과정에서 전래동화를 듣는 아이들은 자연스럽게 기억력 훈련을 하게 됩니다. 이 같은 훈련으로 탄탄해진 기억력은 학교에 들어가서 선생님 말씀을 기억하고, 학습 능력을 기르는 데 큰 힘이 됩니다.

전래동화가 아이들에게 주는 삶의 선물

1. 삶을 살아가는 방법 물질의 유혹을 이기는 법, 성적인 유혹을 이기는 법, 삶의 문제를 해결하는 법을 주인공을 통해 암시해 준다.
2. 옳고 그름, 참과 거짓 등 도덕적 진실 어린 시절에 배운 도덕적 진실은 어린이의 가치관이 되었다가 판단력으로 자리 잡게 된다.
3. 가족적인 인간상 가족의 도리와 법칙을 가르쳐 주어 예의범절이 뛰어난 아이로 길러 준다.

5

베드타임 동화
다양하게 즐기기

상상력을 길러 주는 이야기 방법

　지구상의 수많은 할머니들과 엄마들이 베드타임 동화를 들려주었습니다. 베드타임 동화를 듣고 자란 아기가 다시 엄마가 되고, 할머니가 되어 잠자는 아기에게 동화를 들려주고 있습니다. 베드타임 동화는 이런 아름다운 인류의 유산입니다.

　그런데 동화를 들려주는 방식에도 여러 가지 유형이 있습니다. 할머니나 엄마에게 들은 방식을 답습할 수도 있고, 자신만의 방식을 개발할 수도 있습니다. 이런 것들이 합해져서 각 가정의 '베드타임 동화 스타일'을 만듭니다.

베드타임 동화는 상상력을 길러 주는 데 매우 적합합니다. 이것은 괴테의 엄마가 썼던 방법입니다. 괴테의 엄마는 이야기를 해 주다가 클라이맥스에서 딱 끊고는 이렇게 말했습니다.

"이제 다음 장면은 네가 상상해 보렴."

어린 괴테는 잠자리에서 그다음 이야기를 이어 보느라 여러 가지 상상을 했습니다. 그리고 다음 날 아침, 엄마에게 자신이 상상한 여러 이야기를 들려주고는 물었습니다.

"엄마, 이 세 가지 중에서 어느 것이 맘에 드세요?"

엄마는 대답했습니다.

"얘야, 그것은 네 마음대로란다. 작가란 하느님과 같아서 이야기를 마음대로 꾸밀 수 있는 권리가 있단다."

집중력을 길러 주는 이야기 방법

전래동화는 한 번 읽어 주면 다시는 듣고 싶지 않은 이야기가 아닙니다. 읽어 준 이야기를 또 읽어 주어도 즐거운 이야기입니다. 그래서 아이들은 잠들기 전에 같은 동화를 여러 번 들려주어도 좋아합니다. 이야기를 재탕할 경우에 엄마나 할머니가 어떤 부분을 빼놓고 이야기하면 아이가 그것을 알고 바로잡아 주기도 합니다. 이것은 동서양의 아이들에게 모두 나타나는 공통적인 현상입니다.

아이들의 이런 성향을 이용해 잠자리에서도 집중력을 기를 수 있습니다. 잠들려는 아이에게 전래동화를 읽어 주다가 고의적으로 다른 이야기를 슬쩍 섞는 것입니다. 그때 아이가 "그건 아니잖아."라고 한다면 엄마는 말합니다.

"어이쿠, 엄마가 그만 다른 이야기랑 헷갈렸네. 그다음은 어떻게 되더라?"

그러면 아이가 스토리를 이야기합니다. 이 정도가 되면 아이는 엄마의 감시자가 되어 더 집중해서 이야기를 들으려고 합니다. 형제자매가 함께 참여해 누가 먼저 잘못 끼어든 스토리를 찾아내는지 경쟁을 하기도 합니다. 이렇게 길러진 집중력은 나중에 유치원이나 학교에 갔을 때 선생님의 말을 집중해서 들을 수 있는 능력이 됩니다.

가치관을 튼튼하게 해 주는 이야기 방법

베드타임 동화를 연구한 학자들은 한결같이 말합니다. "동양이나 서양에서 아이들이 베드타임 동화를 듣는 몇 시간은 수천 년 동안 전해 내려오는 인생의 법칙을 몸에 익히는 시간과 같다." 아이들은 혼자 잠들기 싫어서 이야기를 청하지만, 할머니나 엄마들은 그 시간을 이용해 도덕 교육을 실시하는 셈이지요.

책이나 물건이 베스트셀러가 되는 것은 수요자와 공급자의 필요가 일치할 때입니다. 수요자와 공급자가 모두 필요로 하는 베드타임 동화는 그래서 영원히 계속될 전망입니다.

이야기를 읽어 주고 그냥 책을 덮기보다는 등장인물들의 행동을 생각해 보는 질문을 한두 가지 던지면 가치관이 튼튼해집니다. 〈토끼와 자라〉를 읽어 준 날, 다음과 같은 질문을 던집니다.

"용왕은 자신의 병을 고치기 위해 토끼에게 간을 달라고 했네. 만일 네가 토끼라면 이런 용왕에게 어떤 별명을 지어 주고 싶니?"

"토끼는 죽음을 피하기 위해 용왕에게 거짓말을 하는구나. 이런 거짓말도 나쁜 걸까?"

이렇게 갈등 상황을 상기시켜 주면, 아이는 진실과 거짓이 무엇인지 생각해 보게 됩니다. 이러한 훈련을 반복하다 보면 아이들은 스스로 자기에게 질문을 던지고, 부모나 친구에게도 질문을 합니다. 그 단계까지 가면 아이는 책 속에 있는 이야기가 주는 재미 외에 또 다른 재미를 발견한 것입니다. 그것이 철학적 사고의 시작입니다.

꾸중한 날 **약이 되는 베드타임 동화**

생각해 보면 어른들 대부분은 이미 이야기나 동화를 통해 치료 효과를 본 경험이 있습니다. 억울한 일을 당한 날에는 착한 아이가 상 받고 못된 아이가 벌 받는 이야기를 떠올리며 위안을 받았습니다. 〈미운 아기 오리〉를 들으면서 못생긴 아이들이 얼마나 큰 위로를 받는지, 외모에 콤플렉스가 있는 사람이라면 충분히 이해할 것입니다.

나의 경우, 초등학교 4학년 때 외할머니에게 들은 한마디로 오랫동안 외모 콤플렉스에 시달린 적이 있습니다.

"쟤는 저렇게 못생겼으니 나중에 시집도 못 가겠구나. 얼굴은 길지, 이마는 튀어나왔지, 코는 삐죽하지, 귀는 칼귀지, 인중은 짧지. 에구 쓸데가 하나도 없네."

그날 이후로 나는 무척 슬픈 나날을 보냈습니다. 그러던 어느 날 안데르센의 〈미운 아기 오리〉를 읽고 위로를 받았습니다. 그 책을 읽던 날 나도 백조가 될 수 있다는 확신이 어깻죽지로 '우우' 하며 몰려오는 것을 느꼈던 것 같습니다.

아이를 키우다 보면 꾸중은 필요합니다. 그러나 꾸중을 듣고 잠든 자녀를 보면 마음이 아픕니다. 이럴 때 엄마는 아이를 위로하는 동화를 꺼내 읽어 주세요. 〈미운 아기 오리〉, 〈바보 이반〉, 〈반쪽이〉, 〈날아다니는 양탄자〉 등 작고 보잘것없는 아이들이 행복해지는 이야기가 좋습니다. 이런 이야기는 꾸중으로 잔뜩 위축된 아이들의 마음에 위로를 불어넣어 주는 약이 됩니다.

6

동시·동화로
상상력을 기른다

가능성을 창조하는 **상상력의 힘**

사람의 일생 중 상상력이 가장 풍부한 시기는 만 5세부터 만 6세까지로 알려져 있습니다. 만 7세가 되면서 아이들은 합리적 사고기로 들어갑니다. 이때가 되면 아이들은 "이거 진짜예요?" 하면서 사실과 허구를 구분하려 합니다. 이제 상상의 날개를 '논리의 날개'로 갈아입을 나이가 된 것입니다. 그런데 유아 시절에 상상력을 충분히 기르지 못한 아이들이 초등학생이 되어 갑자기 논리의 날개를 입으면, 매우 불행한 일이 벌어집니다. 상상력이 가미되지 못한 논리는 아주 보잘것없이 초라 하기 때문이지요.

예를 들어 볼까요? 과학과 의학의 발달은 상상력의 힘이 아니었다면 불가능했을 것입니다. 우리가 손으로 문을 열지 않아도 열리는 자동문은 참 편리합니다. 그런데 〈알리바바와 40인의 도둑〉의 동화적 상상력이 밑받침되지 않았다면, 과연 자동문을 발명할 수 있었을까요? 1870년에 쥘 베른이 발표한 소설 〈해저 이만 리〉는 84년 후인 1954년에 미국의 원자력 잠수함 USS 노틸러스호 탄생의 모델이 되었습니다. 현대의 생명 복제 기술과 줄기세포 치료는 전래동화 〈젊어지는 샘물〉의 상상력에서 온 것이 아닌가 생각됩니다.

시는 **언어로 그리는 그림**

시를 읽으면 머릿속에 그림이 그려집니다. 피를 용솟음치게 하는 씩씩한 리듬, 경쾌한 가락, 듣고 있는 사이에 마음속에 꿈을 찾아 주는 맑고 신비한 느낌, 태곳적 정서를 전해 주는 민요의 분위기, 그리고 말 하나하나가 닦아 놓은 보석처럼 빛나는 의미를 가진 시구들……. 이런 시를 읽을 때 머릿속에 그려지는 그림은 독자마다 다릅니다.

"시란 같은 장소에서 같은 시를 읽어도 머릿속에 서로 다른 그림을 그린다. 만일 두 사람이 같은 시를 읽으면서 같은 생각을 하게 된다면, 그것은 시가 아니다. 구호다."

미국 초등학교 교과서에 나오는 '시란 무엇인가?'라는 단원의 안내문입니다. 이 문구를 우리나라 부모님과 선생님들에게 읽게 하고 의견을 들어 보았습니다. 그랬더니 대부분이 다음과 같은 걱정을 했습니다.

"그럼 시험 볼 때 어떻게 해요?"

"정답이 없는데 그게 교육이 되겠어요?"

우리 식의 정답 찾기 교육을 고집한다면, 이러한 시 교육은 혼란만 야기할 것입니다.

시란 친구와 같이 읽어도 서로 다른 그림을 그리는 세계입니다. 그래서 시를 많이 읽은 아이들은 그렇지 못한 아이들보다 이미지 생성 능력이 높습니다.

상상력을 증폭시키는 **의성어 · 의태어**

말이 깡충깡충 뛰었습니다.

말이 껑충껑충 뛰었습니다.

두 문장을 들을 때 아이들이 상상하는 내용은 다릅니다. 앞 문장에서는 작은 망아지가 뛰어가는 장면을 상상하지만, 뒤의 문장에서는 커다란 말이 뛰는 장면을 상상하게 됩니다. 물론 실제로 말을 보았거나, 그림책에서 말을 본 적이 있는 아이들에 한해서입니다. 말을 구경한 적이 없는 아이는 구체적으로 상상할 수 없어서 재미가 없습니다.

시냇물이 졸졸졸 흘러갑니다.

시냇물이 철철철 흘러갑니다.

앞의 문장에서는 맑은 도랑물이 흘러가는 것을 상상하고, 뒤 문장에서는 장맛비가 지나간 뒤의 붉은 시냇물이 흐르는 것을 상상하게 됩니다. 물론 이때도 맑은 시냇물과 홍수 난 붉은 시냇물을 본 적이 있는 아이들만 그런 상상을 할 수 있습니다.

이처럼 의성어·의태어는 아이들의 상상력을 발달시키는 데 도움을 줍니다. 상상하기를 즐기는 5세 아이들을 위해서는 상상을 위한 더 많은 자극이 필요합니다. 의성어와 의태어가 들어간 이야기나 동요를 자주 들려주는 것이 그 방법입니다.

10% 부족해야 창의력이 살아난다

'목마른 사람이 우물을 판다.'는 속담이 있다. 사람은 모자람이 있을 때 의욕이 생기고, 의욕이 생겨야 궁리라는 것을 하게 된다. 완제품 장난감은 그런 의미에서 창의력을 키우는 데 적당하지 않다. 버튼만 누르면 작동하는 로봇은 아이들에게 우물을 파게 하지 않는다. 아이가 90%를 움직이고, 나머지 10%만 장난감이 맡게 하자. 버튼 누르는 것 외에 아무것도 할 필요가 없는 장난감은 두뇌를 잠자게 한다. 이런 장난감을 위해 돈을 소비하는 것은 어리석은 일이다.

7

다양한 질문에 답변하는 방법

엄마의 답변에도 **타이밍이 있다**

학부모 강연이 끝나고 질문 시간이 되면 언제나 나오는 단골 질문들이 있습니다.

"아이가 질문을 너무 많이 해서 책 읽어 주기가 힘들어요."

"질문에 답변하고 나면 맥이 끊겨서 책읽기가 재미없어져요."

"질문을 받아 주다 보면 하루에 한 권도 못 읽어요."

"우리 아이는 엉뚱한 질문만 하는데, 어쩌죠?"

"우리 아이는 질문을 너무 안 해요. 좋은 건가요, 나쁜 건가요?"

"책 읽어 주다가 그때그때 질문을 받아야 하나요? 다 읽어 주고 나서 받아야 하나요?"

질문하기에 대한 엄마들의 걱정도 여러 가지였습니다. 그러나 걱정은 여러 가지지만 해답은 간단합니다. 책 내용을 이해하는 데 꼭 필요한 질문이라면 당장 답변해 주어야 합니다. 〈해님 달님〉 이야기를 읽다가 아이가 "엄마, 동아줄이 뭐예요?"라고 질문했는데 답변을 듣지 못한다면 어떤 일이 일어날까요? 엄마가 대답을 안 해 주고 그냥 넘어가면, 아이는 동아줄의 생김새와 용도를 몰라 동화의 내용을 잘 이해할 수 없기 때문에 독서의 재미를 느끼지 못하게 됩니다.

내용 이해와 **관계없는 질문은 나중으로**

내용 이해와 관계없는 질문에는 두 가지가 있습니다. 그 책을 통해 생긴 의문점을 묻는 질문과, 그 책과는 아무 관련이 없는 생뚱맞은 질문입니다. 두 가지 질문을 받았을 때는 이렇게 말하는 것이 좋습니다.

"참 좋은 질문이구나. 우리 책 다 읽고 이야기해 보자."

친절함을 발휘해서 일일이 대답하다 보면 책읽기에 김이 빠집니다.

〈벌거벗은 임금님〉을 읽어 주다가 아이가 다음과 같이 묻는다면 어떻게 하는 것이 좋을까요?

"엄마, 왕비님은 없어요?"

동화 속에 왕비가 등장하지 않아 궁금해서 한 질문입니다.

"있겠지. 왕비 없는 임금님이 어디 있겠니?"

"없나 봐."

만약에 이런 대답들을 듣게 되면 아이의 두뇌는 확산적 사고를 멈추게 됩니다. 이런 경우에는 다음과 같이 말하는 것이 좋습니다.

"글쎄, 우리 끝까지 읽어 보자. 왕비님이 있는지 없는지 알 수 있을 거야."

또 책의 내용과 관련이 없는 질문을 하는 아이들이 있는데, 그것은 아이가 책에 집중하고 있지 않다는 뜻입니다. 엉뚱한 질문도 습관이 됩니다. 유아기에 고쳐 주지 않으면 학교에 가서도 엉뚱한 질문을 해서 분위기를 깰 가능성이 큽니다. 엄마가 책을 읽어 주는 틈틈이 고쳐 주는 것이 좋습니다.

엄마, 그래서 어떻게 되었나요?

이야기를 읽다가 결과를 묻는 아이들이 있습니다.

"엄마, 그래서 어떻게 됐어요?"

이 경우, 엄마학교의 실력 있는 선생님이라면 다음과 같이 대답할 것입니다.

"글쎄, 더 읽어 보자. 그러면 알게 될 거야."

아이가 눈을 반짝이면서 궁금증을 가지고 끝까지 잘 듣도록 유도하는 것이 중요합니다. 만일 엄마가 바로 답을 말해 준다면, 아이는 그 뒷

이야기를 들을 필요가 없어집니다. 엄마는 더 적극적인 답변으로 아이의 궁금증을 증폭시킬 수도 있습니다.

"글쎄, 어떻게 될 것 같아?"

그러면 아이는 추측해서 조잘조잘 이야기합니다.

"그래? 어디, 우리 딸이 얼마나 잘 맞혔는지 봐야겠네."

이런 반응을 보여 주면 아이는 자신의 추측이 맞는지 궁금해서 더 열심히 듣게 됩니다.

엄마, 누가 좋은 사람이에요?

아이들은 판단을 요구하는 질문을 해댑니다.

"엄마, 누가 착한 사람이에요?"

아이들 입장에서는 참을 수 없이 궁금해서 던진 질문이지만 바로 답변해 줄 필요는 없습니다. 엄마가 친절하게 대답해 준다면 사고력 훈련은 수포로 돌아가고 맙니다.

"글쎄, 누가 좋은 사람인지 더 들어 보렴. 지금은 나도 알 수 없네."

또, 이야기가 끝나고 아이가 좋은 사람과 나쁜 사람을 구별할 때도 엄마의 독서 지도가 필요합니다.

우리가 사는 세상은 좋은 사람과 나쁜 사람을 극명하게 나눌 수도 판단할 수도 없는 곳입니다. 좋은 사람 같지만 나쁜 사람인 경우도 있고, 나쁜 사람 같았는데 알고 보니 좋은 사람인 경우도 있습니다. 그런데 어떤 아이가 모든 이야기를 선과 악의 흑백논리로 이해한다면 문학의 재미는 사라집니다. 좋은 사람은 왜 그렇게 되었으며, 나쁜 사람은 왜 그렇게 되었는지 생각해 보는 것이 더 중요합니다.

질문이 없는 아이들

가장 걱정스러운 유형의 독자는 질문이 없는 아이들입니다. 질문하는 일에 익숙하지 못해서 질문이 없거나, 책에 대한 흥미가 없어서 질문을 안 하는 아이들입니다.

질문에 익숙하지 않은 아이들은 엄마의 책임이 큽니다. 더 어렸을 때, 엄마학교가 잘못 운영되었을 것입니다. 아이가 질문을 던졌을 때 엄마로부터 친절한 답변을 듣지 못해 실망한 적이 있거나, 시답지 않은 질문이라고 질책을 당했을 수 있습니다. 이런 경우 아이들은 질문에 대한 흥미를 잃고 질문 없는 아이가 됩니다. 그리고 더 어렸을 때 책과의 친밀도를 쌓지 못했거나 수준에 맞지 않는 책을 강요당한 경우도 마찬가지입니다.

만일 아이가 궁금증이 없다고 생각되면, 엄마는 인내심을 가지고 질문을 유도해야 합니다. 줄거리를 묻는 질문보다는 답이 없는 질문, 내 생각을 말할 수 있는 자유로운 질문이 좋습니다.

독서 습관
확실하게 다지기

10분 안에 결말이 나는 **짧은 이야기로**

엄마학교가 정상적으로 운영되었다면, 다섯 살 아이는 10분 정도 집중할 수 있게 됩니다. 이 시기에 가장 적합한 책은 10분 안에 결말이 나는 짧은 이야기입니다. 왜냐하면 10분 안에 끝까지 다 읽을 수 있기 때문입니다. 긴 이야기를 읽다가 10분이 되어 그만둔 경우에는 짧은 이야기 한 편을 읽은 날보다 기쁨, 자신감, 성취감이 떨어집니다.

모든 이야기 속에는 단단한 주제가 담겨 있습니다. 책을 읽는 독자라면 누구나 주제 발견에 기쁨을 느끼고, 발견하지 못했을 때는 허전

함을 느끼게 됩니다. 다섯 살 아이들도 마찬가지입니다. 책 속에서 이런 주제를 발견했을 때, 자신이 이야기를 완성했다는 창작의 기쁨을 느낍니다. 이 기쁨은 고스란히 독서의 기쁨으로 자리 잡습니다. 아직 독서 습관이 들지 않은 아이들에게는 짧은 이야기를 많이 들려주어 이런 기쁨을 자주 맛보게 해 주어야 합니다.

또 짧은 이야기는 한 편 속에 완결된 구조를 갖추고 있습니다. 그래서 이야기를 읽는 10분 동안, 사건이 전개되고 발전하여 점차 결말에 이르는 이야기의 완벽한 형태를 만나게 됩니다. 이 완벽한 형태와의 만남은 아이들에게 책읽기에 대한 자신감을 줍니다. 바로 한 편을 끝까지 읽었다는 자신감입니다. 다섯 살 아이들에게 이 자신감은 대단한 것입니다. 이런 기쁨과 자신감이 계속 쌓이면, 아이들은 어느새 날마다 책을 읽지 않고는 못 배기는 독서광이 됩니다.

아이를 성장시키는 **맛있는 책으로**

아무리 영양이 많은 음식도 맛이 없으면 먹기 싫어집니다. 책읽기는 밥 먹기와 비슷해서 독서 습관을 다지려면 '맛있는 책'을 만나야 합니다. 그런데 어린이 도서관에 가 보면 베스트셀러 위주로 채워진 경우가 많습니다. 베스트셀러는 많이 팔린 책이지 가치 있고 맛있는 책은 아닙니다. 그럼 맛있는 책이란 어떤 책일까요?

아이들이 그림책을 보는 목적은 이야기를 찾기 위해서입니다. 어른들은 때로 모양이나 색의 아름다움에 취해서 그림책을 고르기도 하지만 아이들은 이야기 찾기를 더 좋아합니다. 그래서 이야기가 조금밖에 들어 있지 않으면 곧 싫증을 냅니다. 이야기가 빈약한 그림은 깊은 맛이 없는 밍밍한 음식과 같다고나 할까요?

그림을 볼 때 몇 시간이고 보고 또 보고 하는 그림, 보기만 해도 이야기가 솔솔 나오는 그림, 글씨가 없어도 이야기를 꾸밀 수 있는 그림은 글이 이야기하지 못하는 부분을 보완하여 내용을 더 풍부하게 해 줍니다. 내용을 그대로 재현하여 놓은 그림이나 아무리 들여다보아도 이야기가 숨어 있지 않은 그림은 어린이의 상상력을 자극하지 못하고 창의성도 길러 주지 못합니다.

또, 어렵고 딱딱한 어휘가 많지 않은 책, 교훈이나 도덕을 강조하지 않은 책, 너무 크거나 두껍지 않은 책, 가르치지 않고 친구처럼 이야기해 주는 문장의 책, 다 읽고 났을 때 자신이 성장했다는 느낌이 소록소록 드는 책입니다.

해피 엔딩의 이야기로

우리를 행복하게 하는 문학에는 인간의 불안감이나 고통, 마음속의 갈등을 씻어 주고 더 행복한 세계로 인도하는 어떤 요소가 담겨 있습니다. 이 요소를 '상승 모티프'라고 합니다. 안데르센의 〈미운 아기 오리〉에는 상승 모티프가 있습니다. 아기 오리의 외로움, 그리움, 배고픔을 해결하는 열쇠가 후반부에 숨어 있습니다. 그래서 이 작품을 읽는 독자는 문제 해결과 함께 밝은 세계를 경험하며, 동시에 기쁨과 행복감을 얻게 됩니다.

그러나 〈이솝 우화〉에는 상승 모티프가 없습니다. 대부분의 〈이솝 우화〉는 문제 해결보다는 죽음과 파멸, 보복과 조소, 거짓말의 승리, 속임수 등으로 장식되어 있습니다. 사나운 호랑이는 천길만길 구렁텅이 속으로 빠지고, 꾀부린 당나귀는 솜뭉치를 지고 물속에 고꾸라지며, 게으른 암소는 도살장으로 끌려가고, 거짓말을 한 아이는 늑대에게 물려 죽습니다. 〈이솝 우화〉가 가진 이런 절망적인 결말은 유아들에게 어둠과 답답함을 경험하게 합니다.

이런 하강 모티프로 장식된 끝마무리는 어린이의 사고를 확산시키거나 창의적으로 이끌어 주지 못합니다. 그래서 어린 독자들은 카타르시스를 경험하기보다는 절망과 좌절을 맛보게 됩니다. 유아들은 희망차고 밝은 내용으로 독서를 시작하는 것이 좋습니다. 행복한 동화는 아이의 기분을 상쾌하게 합니다. 상쾌함은 긍정적인 호르몬을 분비시키고, 육체와 정신의 성장에도 도움을 줍니다.

좋은 엄마에게는
칭찬의 기술이 있다

논리가 없는 칭찬은 하지 않는다

"우리 지안이, 예쁘지. 이리 온."

"우리 준우는 착하기도 하지. 밥도 잘 먹네."

"자, 세수해야 좋은 사람 되지."

주위에서 흔히 들을 수 있는 칭찬입니다. 그러나 이 칭찬들은 매우 시시한 논리를 가지고 있습니다. '이리 오는 것'과 '예쁜 것'은 별개이고, '밥 먹는 것'과 '착한 것'은 별개이며, '세수하는 것'과 '좋은 사람'도 분명 별개입니다. 이런 말을 예사로 하면 칭찬은 입에 발린 소리가 됩니다.

칭찬이 입에 발린 소리가 되면, 그 칭찬은 영향력을 상실합니다. 처음에는 멋모르고 듣다가 다섯 살만 되어도 그것은 칭찬이 아니라는 사실을 알아차리게 됩니다. 그래서 엄마가 진짜로 칭찬을 해도 아이는 기뻐하지 않습니다. 즉, 칭찬은 자주 하는 것보다 얼마나 효과적으로 하느냐가 중요합니다. 칭찬은 아이의 행동을 북돋우는 축하 같은 말입니다. 잘한 일에 대한 보상이며, 그 시점에 들어야 기분이 좋아지는 말입니다. 그러므로 아이가 구체적으로 잘한 일이 있을 때만 칭찬해야 합니다.

결과보다 **과정을 칭찬한다**

"우리 아들이 제일 잘하네."

"넌 아주 똑똑하구나. 훌륭해!"

엄마들이 자주 하는 말입니다. 그러나 이런 능력과 결과 위주의 칭찬이 가져다주는 교육적 효과는 생각보다 보잘것없습니다. 어쩌면 전혀 없을 수도 있습니다. 어른의 기대에 부응한 결과를 얻기 위해 아이는 끊임없이 다른 사람의 평가를 염두에 두어야 하기 때문입니다. 어찌 됐든 좋은 결과만 내야 한다는 외적 동기만 강화되어 스트레스뿐만 아니라, 나중에는 칭찬받기 위해 부정이나 편법을 쓰는 역효과를 불러올 수도 있습니다.

반면에 과정에 대한 칭찬은 지속적인 관심이 동반되어야 하는 일입니다. 부모에게 관심받고 있다는 안정감과 함께 누구나 할 수 있는 노력에 대한 칭찬이기 때문에 아이를 뿌듯하게 만들어 줍니다.

"네가 열심히 해서 지난 번보다 좋아졌네. 엄마는 노력하는 딸을 둬서 얼마나 기쁜지 몰라."

"어떻게 그런 생각을 했니? 그 생각이 엄마는 참 마음에 들어."

부모로부터 격려와 지지를 받고 있다는 느낌은 아이에게 내적 동기를 강화해 주어 꾸준히 그런 행동을 하고 싶게 만듭니다. 칭찬 한마디가 마법 같은 효과를 낳는 셈입니다. 이런 칭찬을 받은 아이는 자신이 앞으로 무엇을 어떻게 해야 하는지를 똑똑히 알게 됩니다. 이것이 칭찬의 진정한 교육성입니다.

세상에 **칭찬거리는 얼마든지 있다**

"아이를 칭찬해 주라고 하셨는데, 우리 아이는 칭찬거리가 없네요. 그래서 걱정입니다."

엄마들에게 자주 듣는 이야기입니다. 그러나 세상에 칭찬거리는 얼마든지 있습니다. 칭찬거리가 떨어져 칭찬을 못하는 경우는 없을 것입니다. 한국독서교육개발원의 연구 파트너 엄마들이 알려 준 것 중 몇 개를 골라 소개할까요?

"윤세야, 부엌에 가서 수저 하나만 가져다줄래?"

대구에 사는 윤세 엄마는 먼저 부탁을 한 뒤 윤세가 부탁을 들어주면 칭찬을 시작합니다.

"아유, 우리 윤세는 친절한 마음을 가졌구나. 정말 고맙다."

세상에 부탁은 얼마든지 있습니다. "책장 좀 정리해 줄래?", "리모컨을 찾아다 줄래?" 등등 부탁할 일이 없어서 칭찬을 못할 일은 없을 테지요. 윤세도 처음에는 엄마가 심부름을 시키면 꿈쩍도 안 하던 아이였는데, 칭찬 사건 이후로 싹싹한 아이로 변했다고 합니다.

청주에 사는 연찬이 엄마는 네 살 난 아들에게 이렇게 부탁합니다.

"연찬아, 엄마 방에 있는 책 좀 책장에 꽂아 줄래? 엄마가 허리가 아파서 구부리기가 어렵네."

그러면 연찬이는 책뿐만 아니라 자기 장난감도 치우고, 아빠가 보던 책까지 말끔히 치웁니다. 엄마의 칭찬을 한바탕 듣고 나면 아이는 엄마와 두런두런 이야기 시간을 갖는답니다.

전주에 사는 미라 엄마는 요즘 다섯 살 난 딸에게 특별한 부탁을 하고 칭찬을 합니다. 아이에게 책을 읽어 달라고 한 겁니다.

"미라야, 엄마가 너에게 책 읽어 줄 때 기분 좋았지? 누가 엄마한테도 책을 읽어 주면 참 기분이 좋을 것 같아. 네가 읽어 주면 좋겠는데……."

이렇게 넌지시 말해 보았더니, 미라가 눈을 반짝이며 그림책을 가지고 와서 읽어 주었답니다. 그런데 들어 보니, 엄마가 읽어 주던 내용과 거의 비슷했습니다. 글자를 아직 깨치지 않았기 때문에 모를 줄 알았는데, 내용을 모조리 외우고 있었던 것입니다. 물론 미라 엄마는 감격해서 칭찬을 많이 했고, 미라는 날마다 엄마에게 옛날이야기를 읽어 주는 아이가 되었습니다.

서울에 사는 소영이 엄마는 책을 찾아오라는 부탁을 하고 칭찬을 합니다. 어느 날 세 살짜리 아이에게 부탁해 보았습니다.

"소영아, 그 다람쥐 책 어디 있는지 아니? 그게 너무 재미있어서 또 읽고 싶은데, 어디 있는지 모르겠구나. 네가 찾을 수 있을까?"

그러자 소영이가 뽀르르 방으로 가더니, 정확하게 그 책을 찾아오더랍니다. 물론 칭찬을 했지요. 그 뒤로 소영이 엄마는 여러 책을 찾아 달라고 부탁했는데, 소영이는 그때마다 책을 정확하게 찾아왔답니다.

엄마의 꾸중 유형에 따라 달라지는 아이들

1. 입만 열면 꾸중하는 엄마 아이가 엄마의 말을 듣지 않을 것이다. 엄마 말뿐만 아니라 다른 누구의 말도 잘 듣지 않는다. 의심에 찬 눈으로 세상을 보고 있다.
2. 꾸중을 모르는 마음씨 좋은 엄마 아이들이 왕자병이나 공주병을 앓고 있을 것이다. 관대했던 엄마는 행복할지 모르나, 세상은 부모처럼 대해 주지 않기 때문에 아이의 마음은 세상에 대한 불만으로 가득 차기 쉽다.
3. 하루에 한 번만 1분 이내로 꾸중하는 엄마 아이들은 행운아다. 그 이유는 당신이 가장 잘 알 것이다.

10

스마트폰 때문에
너를 잃을까 두렵다

스마트폰 사용을 금지한 스티브 잡스

"당신의 아이들은 아이패드를 좋아하겠군요?"

"아니요, 우리 아이들은 아이패드를 사용하지 않습니다. 저는 아이들이 집에서 테크놀로지를 사용하는 시간을 제한합니다."

2014년에 뉴욕 타임즈의 칼럼니스트 닉 빌턴이 생전의 스티브 잡스와 나눈 대화를 밝히자 전 세계의 부모들은 충격에 빠졌습니다. 아이폰을 만든 사람이 자신의 자녀에게는 그것을 금지했다니!

또, 트위터 공동창업자인 에반 윌리엄스는 두 아들에게 태블릿 PC

대신 종이책을 읽도록 하고, IT 미디어 와이어드의 편집자였던 크리스 앤더슨은 고등학교 입학 전까지 자녀들에게 스마트폰을 사 주지 않기로 했습니다. 실리콘 밸리의 어느 경영자 역시 5세가 안 된 막내아들에게는 절대로 스마트폰을 사용하지 못하게 했으며, 큰아들에게도 하루에 30분밖에 허락하지 않는 등 철저히 시간 제한을 두었다고 합니다.

자녀에게 값비싼 스마트폰과 태블릿 PC를 사 주며 첨단 부모라고 자처했던 많은 부모들은 약간의 배신감과 함께 정신이 아찔해졌습니다. 그런 데다가 페이스북의 초대 사장이었던 숀 파커는 이런 말을 해서 학부모들을 불안에 떨게 하고 있습니다.

"우리가 아이들의 뇌에 무슨 짓을 했는지는 신만이 알고 있다."

스마트폰이 인생을 **바꿔 놓을 수 있다**

IT 전문가들은 왜 이런 말을 하고 있는 걸까요? 지난 10년간 미국 국립보건원NIH 및 주요 대학연구소에서 발표한 연구들을 종합해 보면, 스마트폰이 유년기의 상실을 가속화시킨다는 보고서가 주류를 이루고 있습니다. 유년기는 짧게 지나가지만 그때 부모와 쌓은 경험은 평생을 따라다니는 소중한 추억이 되는데 스마트폰이 그 자리를 대신 차지해 버리기 때문입니다.

2019년, 커먼센스미디어의 조사에 따르면 스마트폰을 소유한 미국의 8세 어린이가 4년 만에 11%에서 19%로 늘었는데, 아이가 스마트폰을 갖는 순간부터 부모와의 대화, 야외 활동, 독서량까지 모두 현격하게 줄어들었다고 합니다.

또, 그해 11월 발표에 따르면 미국 10대들의 스마트폰 하루 사용 시간은 무려 7시간 22분이었습니다. 이것도 학교 과제를 위해 쓴 시간을 뺀 시간입니다. 스마트폰이 한 사람의 인생에서 유년기와 청소년기를 완전히 바꿔 놓기에 충분한 시간입니다.

우리나라의 형편도 다르지 않습니다. 2019년, 육아정책연구소에서 만 3~5세 아이들을 대상으로 한 조사 결과, 10명 중 4명이 일주일에 세 번 이상 스마트폰을 사용하는 것으로 나타났습니다. 우리나라의 유아들이 세계에서 스마트폰에 가장 많이 노출된 상태라고 합니다.

영유아기의 성장 과정이 그 사람의 전 생애에 지속적인 영향을 미친다는 연구 결과는 교육학, 심리학, 의학 등 여러 분야에서 입증된 바 있습니다. 그만큼 이 시기의 두뇌와 인성 발달은 한 사람의 전체 삶에 있어 결정적 역할을 합니다. 스티브 잡스가 자녀에게 금지했던 스마트폰을 우리나라 아이들은 수시로 만지작거리며 크고 있는 실정입니다.

미국에서 불고 있는 **스마트폰 유예 운동**

스마트폰을 선물하는 순간 너를 잃을 수 있다는 생각에 두려웠다. 일생에서 단 한 번뿐인 유년 시절. 그 시절에 스마트폰을 들여다보느라 엄마와 대화가 줄어든다면 얼마나 슬픈 일이겠니?

미국의 어느 엄마가 아이에게 스마트폰을 사 주면서 인터넷에 올린 글입니다. 이 글이 많은 사람에게 공감을 얻었습니다. 하지만 한국 엄마들에게는 다른 속사정이 있습니다. 카페나 지하철에서 엄마들의 대화를 엿들어 보면 스마트폰 사용을 걱정하는 대화가 가장 많습니다. 그러나 결론은 언제나 이렇게 납니다.

"모두들 가지고 있는데, 우리 아이만 어떻게 막아요?"

"나쁜 건 알지만 연락해야 할 일이 생기면 어떡해요?"

그렇습니다. 아이에게 스마트폰을 사 주는 이유는 다양합니다. 시대 흐름에 뒤떨어지지 않기 위해서, 친구들로부터 소외당하지 않기 위해서, 부모가 아이 위치를 수시로 파악하기 위해서 등 필요한 이유가 있습니다. 그러나 그 기기가 아이들에게 부정적인 영향을 끼치는 것은 분명합니다. 그리고 한번 사 주면 회수할 방법도 없습니다. 이것은 한국의 부모나 외국의 부모나 마찬가지 사정입니다.

그래서 미국 텍사스 오스틴에 사는 세 딸의 엄마 브룩 새넌은 스마트폰이 소통의 도구가 아니라 어린 자녀들과 부모를 멀어지게 하는 장애물이라고 확신하고 간절한 마음으로 캠페인 하나를 제안했습니다. 우리나라 중학교 2학년에 해당하는 8학년까지 기다리자는 'Wait Until 8th' 캠페인입니다.

2017년에 시작된 이 캠페인에 홍보 전문가, 변호사, 정책 컨설턴트 등 다양한 전문가들이 자발적으로 참여했습니다. 이들의 공통점은 모두 어린 자녀를 키우면서 같은 고민을 하는 부모들이라는 점입니다. 스마트폰이 없으면 또래들로부터 소외될 것 같은 두려움과 괴롭힘의 대상이 될 수 있다는 걱정 때문에 부모들은 할 수 없이 자녀에게 스마트폰을 사 주게 됩니다. 이 캠페인은 이 문제를 해결하기 위해 간단한 실천을 제안했습니다.

캠페인 사이트에 들어가서 자녀에게 스마트폰 사 주는 시기를 중학교 2학년 이후로 늦추는 서약을 하면 됩니다. 서약에 동참한 같은 학교 학부모가 최소 10명이 되면 공동체를 만들 수 있습니다. 부모들은 자신만 이 문제를 고민했다는 외로움에서 벗어나 함께 실천할 동료가 있음을 확인하게 됩니다. 즉, 공동체가 만들어지면 혼자가 아니라는 자각 때문에 실천의 용기가 생긴다는 것입니다.

우리나라 엄마들 사이에서도 이런 운동이 일어나는 걸 보았습니다. 그러나 다른 엄마들의 호응이 없어서인지 캠페인이 벌어졌다는 뉴스도 커뮤니티가 생겼다는 뉴스도 들리지 않고, 유치원생 25%, 초등학생 80%가 스마트폰을 가지고 있다는 뉴스만 들립니다.

좋은 사회는 혼자서는 만들 수 없습니다. 옳지 않은 것을 과감하게 물리칠 수 있는 용기 있는 엄마들이 어느 때보다 필요한 시대입니다.

11

그림책, 가장 실력 있는
성교육 선생님

성교육은 남자와 여자의 행복 교육

3세부터 발달하기 시작한 성^性적 관심은 4~5세가 되면 강하게 나타납니다. 이때 가장 적합한 성교육은 남자와 여자는 협력적인 관계라는 인식을 심어 주는 것입니다. 다시 말하면 성이 다른 남자와 여자가 어떻게 협동해서 행복하게 살아가야 하는지를 알게 해 주는 교육입니다.

어려서 '남자는 늑대'라는 말을 듣고 자란 여자아이에게는 그렇지 않은 아이보다 남성 혐오증을 가질 확률이 3배 이상 높다고 합니다. 반대로 '여자의 마음은 갈대'라는 말을 듣고 자란 남자아이는 여자를 무시하는 경향이 매우 짙게 나타납니다. 이런 사고는 여자와 남자 누구에게도 도움이 되지 않습니다. 이런 사고가 굳어지면 '여자와 남자는 다르지만 친구'라는 인식이 자리 잡을 수 없습니다. 남녀 사이를 적대시하는 관계, 혹은 상하 관계로 인식한 어린이는 장차 이성과 함께 살아야 하는 가정 생활에 치명타를 입게 될 것입니다.

성교육은 인류의 한 사람으로 태어나서 후손을 이어가야 할 숙명을 가진 개인이 어떻게 그 성을 사용할 것인가에 대한 교육입니다. 그러기 위해서 성교육은 생명 교육이고, 인성 교육이 되어야 합니다. 특히 유아기의 성교육은 생명의 순환에 대한 근본적인 이해와 긍지를 심어 주어야 합니다.

생명과 출생의 이야기를 다룬 그림책으로 성교육하기

20세기에 태어나 교육받은 사람들은 성교육을 제대로 받지 못하고 자란 세대입니다. 그래서 자신이 받지 못한 교육을 자녀에게 하려니 어색하고 서툴기만 합니다. 그래서 아기는 다리 밑에서 주워 온다고 하는 전래동화식으로 접근하거나, 엄마 아빠가 사랑을 하면 아기가 나온다고 추상적으로 말하는 경우가 있습니다. 이런 접근은 아이들에게 더 많은 궁금증을 낳게 하고, 아이가 사실을 알았을 때의 충격과 실망의 원인이 된다는 조사 연구도 있습니다.

이렇게 말로 하기 어려운 이야기를 그림책이 도와줍니다. 제니 오버

렌드 글, 줄리 비바스 그림의 〈아가야, 안녕?〉은 인간 탄생의 아름답고 따뜻함을 사실적으로 알려 주는 그림책입니다. 이제 막 출산을 앞둔 엄마의 배는 산처럼 높습니다. 엄마의 부른 배가 아파 오자 온 식구가 새 생명을 맞이할 준비를 합니다. 아빠와 아이들은 깨끗한 이불을 펴고 엄마가 누울 자리를 마련합니다. 그리고 눈길을 헤치며 달려온 조산원이 아기 받을 준비를 합니다. 엄마가 아기를 무사히 낳습니다. 막내는 새로 태어난 아기의 머리를 조심스레 쓰다듬으며 말합니다.

"아가야, 안녕?"

임신과 출산에 대한 과학적인 설명을 늘어놓지는 않았지만 엄마의 몸에서 아기가 태어나는 모습을 아름다운 그림으로 그려 놓았기 때문에 아이들이 어렵지 않게 알 수 있습니다.

남녀의 차이를 알려 주는 그림책으로 성교육하기

첫돌 즈음에 이미 남자아이는 뼈가 굵어지고 여자아이는 통통해집니다. 세 살이 되면 남자아이는 밖에 나가 위험한 장난을 즐기고, 여자아이는 집에서 인형놀이를 합니다.

4~5세의 성교육은 남자와 여자의 차이를 이해하는 것으로부터 출발합니다. 남성 아니면 여성으로 자라는 아이들에게 이성의 특징을 확실하게 이해시키는 것은 매우 중요한 일입니다.

돈 길모어가 쓰고 마리루이즈 게가 그린 〈달을 선물하고 싶어〉는 남자와 여자의 심리적 특징을 부각시켜 보여 줌으로써 서로 간의 이해를 돕는 동화입니다. 꼬마 소년네 옆집에 꼬마 소녀가 이사 옵니다. 엄마는 친절하게 대해 주라고 했지만 꼬마 소년은 '웩!' 하며 거부감을 나타냅니다. 생일 파티 초대장을 받고도 '웩!' 하지만 사실은 달을 따서 선물하겠다는 일념에 노끈을 던져 달을 땁니다. 이런 스토리가 진행되는 동안 남자아이와 여자아이 모두 행복한 표정이 됩니다.

신체의 구조와 역할을 알려 주는 그림책으로 성교육하기

네 살만 되어도 아이들은 이성의 몸을 자세히 보고 싶어 합니다. 남자아이들은 엄마의 몸을 훔쳐보고 여자아이들은 아빠의 몸을 궁금해 합니다. 어린이집이나 유치원에서 여자 화장실을 기웃거리는 남자아이들도 있습니다. 이런 아이들에게 필요한 책은 남자와 여자의 신체 구조와 역할을 알려 주는 그림책입니다.

딕브루너코리아 편집부에서 만든 〈남자와 여자는 달라요〉는 성별에 대한 아이들의 호기심을 해결해 주는 책입니다. 아기는 어떻게 잉태되고, 엄마 배 속에서 무엇을 먹으며 자라는지, 엄마는 어떻게 아기를 낳는지도 생생하게 알려 줍니다. 또 여자와 남자는 오줌 누는 모습이 어떻게 다른지도 쉽게 가르쳐 줍니다. 남자와 여자가 성장해 가면서 신체에 어떤 변화가 생기는지는 책 속의 플랩을 열어 보며 과학적으로 가르쳐 주고 있습니다.

성에 대한 긍정적인 생각을 심어 주세요

성에 관한 질문을 하면 아이의 성적 성숙도에 맞게 긍정적인 생각을 심어 주는 것이 필요하다. '이러면 안 된다, 저러면 안 된다.'고 가르치는 것은 '성은 나쁜 것'이라는 부정적인 인식을 심어 준다. 아이가 구체적으로 몸에 대해 호기심을 가질 때, 그림책을 통해 기본적인 성 지식을 알려 주는 것에서 출발해 자신의 몸이 어떻게 생겼는지, 어떻게 기능하는지 자연스럽게 이야기 나누다 보면 성은 건강하고 소중한 것이라는 생각과 함께 다른 성을 존중하는 태도도 갖게 된다.

6

5~6세

유치원
시대

학교라는 사회로 나가기 위한 준비가 필요합니다.
독서놀이를 통해 창의적이고 능동적인 아이로 만들어 주세요.

학교에 들어가기 전
배우기, 생각하기, 관계 맺기의
기술이 필요합니다.

배우기 능력과
생각하기 능력이 있어야
잘 배울 수 있습니다.

가족, 친구, 선생님,
그리고 미래의 타인들과
좋은 관계를 맺기 위한
능력을 길러야 합니다.

1

배우기, 생각하기,
그리고 관계 맺기

서둘러 키워지는 아이들

엄마학교에서 자라던 아이들은 만 5세가 되면 학교에 들어가기 위한 준비 작업에 들어갑니다. 유치원에서도 5세 반이 되면 유아기의 마지막 해를 맞이하게 됩니다.

어떤 아이들은 한글 배우기를 비롯해 영어 학원, 피아노 학원, 태권도 학원, 미술 학원, 수학 학원, 창의력 학원, 글짓기 학원을 돌아다닙니다. 유치원 아이들이 권리를 주장할 줄 안다면, 아마도 이렇게 외칠 것입니다.

"엄마, 나는 기계가 아니에요! 나이에 맞게 가르쳐 주세요!"

우리나라 아이들은 교육 선진국 유아들에 비해 서둘러 키워지고 있습니다. 발달 단계를 무시한 채 두뇌 속에 더 많은 지식을 집어넣으려는 과잉 교육이 유아들을 덮치고 있습니다. 유치원생으로 보이는 아이를 데리고 속독 학원에 온 엄마들과 이야기를 나누어 보았습니다.

"유치원 어린이 같은데, 왜 속독 학원에 왔나요?"

"그야, 빨리 읽을 수 있으면 남들이 한 권 읽을 때 우리 아이는 열 권을 읽을 수 있으니 공부도 더 잘할 것 아니겠어요?"

그러나 속독과 학습 능력은 관계가 없습니다. 학습 능력이란 독해력으로만 구성되는 것이 아니라 다양한 사고력으로 구성되는 종합 능력이기 때문입니다.

세계에서 국민 독해력이 가장 높은 나라이자, 국민의 대부분이 3개 국어를 할 줄 안다는 핀란드에서는 초등학교 2학년이 될 때까지 아이들에게 공부를 가르치지 않습니다. 여덟 살이 될 때까지 외국어 교육은 물론이고 국어도, 더하기 빼기도 가르치지 않고 하루에 서너 시간은 꼭 바깥에서 놀이를 하면서 보냅니다. 부모들 또한 가정에서 발달 단계에 맞는 책을 자주 읽어 주는 것 외에는 아무것도 시키지 않습니다. 그러나 핀란드 국민들은 지금 세계 최고의 독해력을 자랑합니다.

또, 영재교육법으로 유명한 이스라엘도 유치원에서 문자나 숫자 교육을 하지 않습니다. 유아기의 주요 교육인 책읽기가 모든 것을 아주 자연스럽게 해결해 주기 때문입니다.

배우기와 생각하기 방법을 배워요

초등학교 입학을 눈앞에 두고 있는 유아들에게 꼭 필요한 능력을 요약하면 '배우기, 생각하기, 관계 맺기'라고 말할 수 있습니다. 이 세 가지 능력을 잘 갖추면 낯선 학교에서 배움을 시작하는 학생의 역할을 잘 소화할 수 있습니다.

잘 배우려면 '배우는 기술'이 필요합니다. 배우는 기술이 튼튼하면 빨리 배우고, 정확하게 배워서 우수한 학생이 되지만, 배우는 기술이 빈약하면 제대로 배울 수 없어서 부진아가 됩니다. 배우기 위한 기술에는 어휘력, 이해력, 집중력, 기억력, 요약 능력, 분석적 사고력, 논리적 사고력 등이 있습니다.

배우기와 함께 유치원 어린이에게 꼭 필요한 능력은 '생각하기' 능력입니다. 〈논어〉 위정 편에는 '배우기만 하고 생각하지 않으면 발전이 없고, 생각만 하고 배우지 않으면 사사로운 길로 빠지기 쉽다.'는 말이 있습니다. '배우기'와 '생각하기'는 바로 학습의 두 날개입니다.

배우기는 잘하는데 생각하기 능력이 낮은 아이들은 하나를 가르쳐 주면 하나밖에 모르는 아이로 남습니다. 그러나 생각하기 능력이 높은 아이들은 하나를 가르치면 열을 아는 아이가 됩니다. 꾸준히 독서를 해 온 아이들은 상상력, 추리력, 창의력, 판단력, 문제해결력 등이 발달하여 생각하기 능력이 눈부시게 발달합니다.

관계 맺기 기술을 배워요

'관계 맺기'는 주위 사람들과 행복하게 지내는 기술입니다. 초등학교에 들어가서 사회적 인간으로 살아가야 하는 어린이들에게 이 기술은 생존의 기술이며 행복의 기술입니다.

'엄마는 뭐든지 다 해 줬는데, 선생님은 왜 그러지 않지?'

'우리 집에 있는 건 다 내 건데, 왜 다른 아이들과 같이 써야 하지?'

유치원에 온 아이들은 이런 새로운 과정을 겪으면서 사회는 가정과 다르다는 것을 알게 됩니다. 세상은 내 뜻대로 되지 않는다는 사실을 배우는 일은 한 사람이 사회적 인격체로 성장해 가는 데 가장 기초적인 교육입니다.

관계 맺기의 핵심 기술은 경청하기, 공감하기, 배려하기, 경쟁하기, 협력하기 등입니다. 취학 전 어린이들에게 '사람을 좋아하는 사람이 되는 기술'을 가르치는 일은 건강한 인격체로 성장해 가는 데 필수 요소입니다.

'유아 시대'와 '어린이 시대'의 분기점에 서 있는 아이들이 바로 만 5세 아이들입니다. 1년 뒤에 초등학생이 되면 교육의 주도권은 국가로 넘어갑니다. 국가는 동일한 교육과정과 동일한 교과서로 아이들을 똑같이 교육합니다. 성장 배경이나 엄마의 영향력이 스며들 여지가 없습니다. 능력 있는 아이는 능력 있는 대로, 능력이 모자라는 아이는 모자라는 대로 함께 발맞춰 앞으로 나아가야 합니다. 이제, 0~6세 책육아의 마지막 과정을 이야기하려고 합니다.

공부 잘하려면 IQ보다 EQ를 길러라

오스트레일리아와 영국 대학의 공동연구팀이 27개 국 학생 약 4만 2,000명의 감성 지능과 학업 성적에 대해 연구한 결과, 학년에 상관없이 감성 지능이 높은 학생이 입시 성적이 높은 것으로 조사됐다. 감성 지능이 그다지 필요해 보이지 않는 수학과 과학 과목에서도 1.5~2배 가량 높게 나왔다. 이 결과에 대해 시드니대학교 캐롤린 맥캔 교수는 '감성 지능이 높은 학생들은 성적에 영향을 미칠 수 있는 불안감, 좌절감 같은 부정적 감정을 쉽게 극복하기 때문'이라고 밝혔다.

2

독서이력서를
준비해 주세요

엄마가 쓴 **자녀의 독서이력서**

아이와 함께 책을 읽고 나면 반드시 해야 할 일이 있습니다. 읽은 책의 제목을 빠뜨리지 않고 기록하는 것입니다. 이력서가 그 사람이 살아온 경력과 경험을 보여 주는 것처럼 아이가 지금까지 읽어 온 책의 내용뿐만 아니라 가치관까지 고스란히 보여 주기 때문에 '독서이력서'라고 합니다.

아직 아이가 글을 쓰지 못하기 때문에 엄마가 대신 써 주어야 합니다. 독서이력서를 쓰는 방법은 정해져 있지 않습니다. 공책에 직접 기록해도 되고, 엑셀 파일로 남겨도 좋습니다. 도서관을 자주 이용하는 경우라면 도서 대출 기록이 통장처럼 남아 있기 때문에 목록을 가져오면 편리합니다. 책 제목 옆에 칸을 두어 읽은 날짜와 아이의 몰입 정도, 아이의 한 줄 소감 등 개성적인 이력서를 만들어 볼 수도 있습니다.

다 기록해 놓고 나서 이력서를 검토해 보면 그동안 엄마가 해 온 책육아의 방향이 보입니다. 나이에 맞게 읽어 주었는지, 다양한 책을 골고루 읽어 주었는지, 어느 한 분야에만 치우쳐 읽는 독서 편식이 있었는지 등이 보입니다. 엄마 자신의 책육아 스타일을 반성해 보는 자료이며, 다음에 권해 줄 책을 결정할 때 참고할 수 있는 자료가 됩니다.

독서이력서는 두뇌의 종합 진단서

그동안 엄마와 함께한 독서놀이는 아이의 두뇌 속에 고스란히 저장되었다가 앞으로 공부하고, 생각하고, 판단하는 기준이 됩니다. 어떤 과학 기기도 사람의 두뇌 속을 들여다볼 수는 없습니다. 그 사람이 어떤 생각을 하고 있는지, 무엇을 좋아하는지, 어떻게 판단할 것인지 알 수 없습니다. 어른이라면 자기 입으로 표현할 수도 있고, 글로도 쓸 수 있지만 만 5~6세 아이들에게는 불가능한 일입니다.

그러나 독서이력서에는 아이가 가지고 있는 배경지식과 정신적 지도가 훤히 드러납니다. 〈흥부 놀부〉를 읽은 아이는 형제 간의 우애에 대한 기본 개념이 들어 있을 것입니다. 〈피노키오〉를 읽은 아이는 거짓말에 대해 생각했을 것이며, 〈미운 아기 오리〉를 읽은 아이는 '다름'이 '틀림'이 아니라는 것을 어렴풋이 알 것입니다.

그림책 읽기를 충분히 하지 않았다면 상상력과 창의력이 풍부하지 않을 것입니다. 그리고 옛날이야기를 별로 읽지 않았다면, 집중력과 기억력 훈련이 덜 되어 선생님 말씀을 들을 준비가 부족할 것입니다. 어린 시절에 무슨 책을, 얼마나 읽었는지가 인간의 정신적 세계와 인지 능력의 수준을 만듭니다.

유아의 발달 단계에 맞는 좋은 책을 골라 읽혀야 하는 이유가 여기에 있습니다. 지금은 명확하게 알 수 없겠지만, 그들이 우뇌로 받아들여 저장해 놓은 느낌이나 생각들은 초등학교에 들어가서 여러 가지 공부를 하는 중에 싹이 터서 그들의 가치관으로 자리 잡게 됩니다.

독서이력서, **버리지 마세요**

내 아이의 독서이력서는 앞으로 쓸모가 많습니다. 이것을 가지고 다음처럼 활용할 수 있습니다.

먼저 아이에게 들려준 이야기나 읽어 준 이야기의 내용을 상기시켜 주세요. 책 이름뿐만 아니라 주인공 이름, 줄거리를 척척 잘 생각해 낸다면 아이의 기억력은 우수한 상태입니다. 그러나 별로 기억하는 것이 없다면, 머릿속으로 들어가지 못하고 지나가 버린 책입니다. 눈으로

만 얼렁뚱땅 읽는 독서가 습관화되어 버리면 학교에 들어간 후에 교과서도 얼렁뚱땅 읽게 됩니다.

또, '상상하기' 질문을 했을 때 구체적이고 생생하게 상상한다면 아이의 상상력은 풍부한 상태지만 대충 상상하거나 싫은 표정을 짓는다면 아직 상상력이 자라지 않았다는 증거입니다.

독서이력서를 잘 보관했다가 아이가 초등학교에 들어가면 뒤를 이어 직접 작성하게 하는 것이 좋습니다. 책을 읽은 다음에 감상문을 쓰쓰는 것은 어려운 숙제이지만, 독서이력서 쓰기는 간단하게 작성하는 목록이라 책의 내용을 다시 한번 상기시키고 독서 편식을 막는 좋은 습관이 됩니다.

독서통장으로 시작해 보세요

독서통장은 많은 도서관에서 제공하고 있으며 온라인 스토어에서도 구입할 수 있다. 은행 통장과 동일하게 한 줄로 읽은 날짜, 책 제목, 작가 이름, 출판사 이름을 쓰면 된다. 차곡차곡 쌓이는 게 보이기 때문에 아이들도 돈 모으는 것처럼 읽은 책을 모으는 재미를 느낀다. 처음에는 이렇게 목록만 작성하다가 "우리 책의 줄거리를 한 줄로 써 볼까?" 하면서 줄거리를 적고, 자연스럽게 느낀 점도 써 본다. 독서통장 한 권을 다 쓰면 또 다른 통장으로 바꾸거나 감상문도 적는 독서 이력서로 발전시킨다.

우리 집 인테리어,
독서 환경은 몇 점?

우리 집 독서 환경을 돌아볼 때

엄마학교에서는 같은 나이의 학생이 하나뿐이어서 언제나 1등이었습니다. 그러나 초등학교에 들어가면 싫든 좋든 배우기 능력의 우열이 나타납니다. 배우기를 잘하려면 책을 잘 읽을 수 있는 환경적 준비, 심리적 준비, 신체적 준비가 되어 있어야 합니다.

환경적 준비는 가정의 독서 환경을 말합니다. 책장에 꽂힌 책들, 책 읽는 부모, 몸에 맞는 책상과 의자, 알맞은 조명을 갖춘 아이들은 환경적 준비가 잘된 아이들입니다.

여기서 '책장에 꽂힌 책들'이란 아이의 발달 단계에 맞는 책을 말합니다. 많은 부모님들이 아이의 수준에 맞지 않는 책, 아이보다는 자신의 취향에 맞춘 책을 사다 줍니다. 아이 책장에 발달 단계에 맞는 그림책, 생일날 선물받은 책, 아이와 손을 잡고 서점에 가서 직접 고른 책들이 즐비하게 꽂혀 있어야 합니다.

앞에서도 말했다시피 책 읽는 부모의 모습은 정말 중요합니다. 아무리 책 많은 집 아이라도 부모님이 책을 읽지 않으면 아이들도 책을 읽지 않습니다. 부모님이 바른 자세로 앉아서 책을 읽는다면 아이들도 자연스레 좋은 자세로 읽게 됩니다.

아이가 책 읽기에 좋은 방을 갖는 것도 빼놓을 수 없습니다. 비슷한

독서 능력을 가진 사람이라도 어떤 곳에서 읽는가에 따라 독서 효과는 두 배의 차이가 납니다. 아이에게 '좋은 방'이란 넓고 산뜻한 인테리어를 말하는 게 아닙니다. 산소가 충분히 공급되고, 시끄러운 소음이 들리지 않고, 50촉 정도의 간접 조명을 받는 아늑한 장소를 말합니다. 이런 방에서 책과 눈의 거리가 30cm 정도가 되도록 떨어뜨려 두고 읽습니다. 물론 알맞은 높이의 책상과 안락한 의자가 있어야겠지요. 의자는 푹신한 것보다는 딱딱한 것이 더 좋습니다.

심리적 준비는 충분한가

심리적 준비는 책에 대한 흥미와 호기심의 정도를 말합니다. 심리적으로 준비가 잘 된 아이들은 책을 대하면 빨리 읽고 싶어 합니다. 그리고 스펀지가 물을 빨아들이듯이 읽어 나갑니다. 만일 심리적 준비가 아직 부족하다고 생각되면, 다음과 같이 지도해 보세요.

책을 읽어 주기 전에 먼저 책의 표지를 살펴봅니다. 표지 그림을 보며 주인공은 누구이며, 어떤 일을 겪게 될지 상상해 보도록 합니다. 주인공의 표정과 배경 그림을 자세히 보면 여러 추측이 나올 수 있습니다. 또 제목을 보면서는 더욱 구체적으로 내용을 상상하게 합니다. 그러면 바로 읽어 줄 때보다 한결 흥미로워합니다.

또는 책장을 홀홀 넘기면서 그림만 보여 주고 결과를 상상해 보도록 합니다. 이러면 아이들이 빨리 읽고 싶다는 생각을 합니다. 어떤 경우에도 책의 내용을 미리 이야기해 주지 말아야 합니다. 내용을 먼저 이야기해 주면 마개를 빼놓은 향수병처럼 흥미가 사라집니다. 이런 '언어의 추측 게임'을 하는 동안 아이들은 적당한 긴장감을 갖게 됩니다.

신체적 준비는 충분한가

신체적으로 아이의 건강 상태가 독서나 공부를 하기에 적당한지 체크해 둡니다. 공부는 두뇌 활동이기 때문에 청명한 두뇌가 필요합니다. 그러기 위해서는 무엇보다도 뇌수 내의 혈액이 적당히 유지되어야 합니다. 뇌의 충혈이 일어나면 두뇌는 독서를 거부하게 됩니다.

뇌의 충혈을 가져오는 조건으로는 방안의 온도가 높을 때, 환기가 안 돼 방안의 산소가 부족할 때, 꾸중을 들었을 때, 병으로 열이 있을 때, 걱정과 근심이 많을 때를 들 수 있습니다. 뇌수를 건강하게 하기 위해서는 신선한 채소와 과일을 많이 먹고, 방 안을 신선한 공기로 채워야 합니다.

공부를 잘하려면 잘 들리는 귀가 필요합니다. 귀가 잘 들리지 않으면 두뇌 운동이 둔해져서 지능이 발달하는 데 지장이 생깁니다. 입학하기 전에 이비인후과 검사를 받아 두는 것이 좋습니다.

정확한 발음 상태도 중요합니다. 발음이 정확하지 않아 친구들에게 놀림이라도 받으면 자신감을 잃게 됩니다. 아이가 말하는 것을 녹음해 두었다가 들려주면 아이 스스로 고치는 데 도움이 됩니다.

수동적인 독자, 창의적인 독자

창의적인 독자는 더 많은 것을 배운다

전래동화 〈우렁 각시〉를 읽은 어린이들에게 "궁금한 것이 무엇인가요?" 하고 질문하면 다양한 반응을 보입니다. 궁금한 것이 많은 아이들도 있고, 궁금한 것이 없는 아이들도 있습니다.

- 우렁 각시는 왜 총각을 도와주었을까?
- 우렁 각시는 어떤 여행을 거쳐 총각이 사는 동네에까지 왔을까?
- 총각과 우렁 각시에게 어울리는 이름은 무엇일까?

• 우렁이가 색시로 변한 것을 보고 총각은 어떤 표정을 지었을까?

• 만일 총각이 우렁 각시의 말을 들었다면 어떻게 되었을까?

• 만약에 내가 우렁 각시를 만난다면 어떻게 할까?

나이와 성별, 관심의 영역에 따라 아이들은 이런 의문을 쏟아 냅니다. 이때 궁금한 것이 없는 아이들은 수동적 읽기를 하고 있는 '수동적 독자'이며, 궁금증이 많은 아이들은 창의적으로 읽는 '창의적 독자'입니다. 창의적인 독자는 같은 글을 읽어도 글 속에서 느끼고 생각하는 것이 많아 결국은 더 많은 것을 얻어 냅니다.

예를 들어 창의적인 독자가 '물 먹는 하마'라는 문장을 읽었다면, 떡 잘 먹는 사람을 생각하며 '떡 먹는 하마'란 말을 만들어 낼 수도 있고, 사회를 떠들썩하게 한 어느 부패 정치인을 생각하며 '돈 먹는 하마'를 유추해 낼 수도 있을 것입니다. 이와 같이 창의력과 상상력이 높은 아이들은 하나를 가르쳐 주면 스스로 열을 아는 아이가 됩니다.

상상력이 **책의 재미를 더한다**

같은 장소에서 같은 책을 두 사람이 동시에 읽어도 어떤 독자는 재미있다고 하는데, 어떤 독자는 재미없다고 합니다. 왜 그럴까요? 같은 책을 읽고도 이렇게 다른 반응을 보이는 이유는 책의 내용에서 오는 것이 아닙니다. 독자가 가지고 있는 상상력의 차이에서 옵니다.

한 엄마가 초등학교 4학년인 딸을 데리고 나의 연구실을 찾아왔습니다. 엄마는 아이가 책을 읽을 때 슬픈 장면에서 슬퍼하지 않고, 재미있는 장면이 나와도 웃지 않자 걱정하고 있었습니다.

한국독서교육개발원의 독서능력진단지로 진단해 보니, 그 아이는 상상력이 매우 낮았습니다. 아이는 책을 읽어도 인물의 감정을 공감하지 못했습니다. 주인공과 동일시가 일어나지 않으니 슬픈 이야기가 나와도 눈물이 나지 않고, 재미있는 이야기에도 시들했던 것입니다.

요즘 이런 아이들이 점점 늘고 있습니다. 상상력의 빈곤으로 책을 읽을 때 이미지가 떠오르지 않아 책을 읽는 둥 마는 둥 합니다. 이 경우, 일반적으로 학교 성적은 나쁘지 않습니다. 교과서와 참고서는 그런대로 읽어 나갈 수 있기 때문입니다. 성격은 매우 이성적입니다. 그러나 책을 읽을 때는 감동이 없어 지루해합니다. 그대로 방치하면 조만간에 독서 기피아가 될 가능성이 높습니다. 이런 아이들에게 독서의 재미를 찾아 주는 방법은 상상력을 길러 '창의적 독자'로 만드는 일입니다.

창의적인 독자는 만화가 재미없다

초등학교 1학년용 교과서나 동화책은 그림책과는 다릅니다. 그림 위주의 책이 아니라, 텍스트 위주에 그림을 곁들인 책입니다. 그래서 스스로 이미지를 그리지 못하는 아이들에게는 어렵고 딱딱하게 느껴질 수밖에 없습니다.

요즘 1, 2학년 어린이들은 책을 읽더라도 만화책을 고르고, 게임을 즐겨 합니다. 반면에 엄마학교에서 차근차근 상상력을 키워 온 아이는 초등학생이 되어서도 만화책보다 텍스트 읽는 것을 선호합니다. 만화 책에는 사건이 진행되는 과정과 주인공의 심정 변화가 칸마다 그림으로 그려져 있기 때문에 상상할 기회를 박탈당해 읽는 재미가 덜하기 마련입니다.

상상력이 왕성한 창의적인 독자는 이렇듯 책을 읽을 때 남에게 이끌려 가는 것보다는 자신의 상상력과 추리력을 발휘하여 스스로 의미를 만들어 나가는 것을 즐깁니다. 그래서 텍스트가 있는 책을 읽을 때 더 큰 즐거움을 느낍니다.

그렇다면 초등학교에 들어가기 전에 어떤 준비를 해야 할까요? 텍스트와 익숙해지도록 책을 많이 읽히는 것입니다. 책 속에서 배우기와 생각하기에 필요한 어휘력, 이해력, 논리적 사고력 등을 키워 주는 좋은 글감을 만나기 때문입니다.

우리 아이를 **창의적인 독자로 만드는 방법**

첫째, 작품 속의 장면과 분위기에 대해 질문합니다. 가능하면 구체적이고 자세하게 말하게 합니다. 아이가 말하기를 귀찮아하거나 대충 말하거나 책에 나온 내용만 이야기한다면, 아직 창의적인 독자가 아닙니다.

둘째, 인물의 기분, 성격, 얼굴 모양, 말투, 표정, 태도, 옷차림을 상상하며 읽게 한 다음에 상상한 내용을 말하게 합니다. 구체적으로 말하지 못한다면 아직 창의적인 독자가 아닙니다.

셋째, 책 속에 나오는 장면의 날씨, 물건의 무게, 사건이 일어난 장소들 간의 거리 등을 상상하게 합니다. 여기까지 잘 따라왔다면 창의적인 독자로 변해 가는 중입니다. 구체적인 상상력을 발휘할 때마다 칭찬해 줍니다.

넷째, 책 속에 나오는 어떤 물건이나 장면의 빛깔, 모양, 크기, 촉감, 향기, 소리 등을 상상하며 읽게 한 다음에 말하게 합니다. 이런 활동은 고도의 상상력을 요구합니다. 이런 활동을 즐겁게 할 수 있다면, 이제 창의적인 독자에 매우 가까워진 상태입니다.

다섯째, 이야기의 뒷부분이나 이야기가 벌어지기 이전의 스토리를 상상하게 합니다. 이런 활동을 거부감 없이 잘 받아들인다면, 이미 창의적인 독자가 되었다는 증거입니다. 기뻐해 주세요.

5

글자는 언제, 어떻게
가르쳐야 할까?

언제? 아이가 '무슨 글자야?' 하고 물어 올 때

1~2세의 아기들은 한두 개의 단어를 사용해서 말하고, 3~4세 아이들은 보통 서너 개의 단어로 이루어진 문장으로 말합니다. 그리고 4~5세 아이들은 네다섯 개의 단어로 이루어진 문장으로 말합니다. 그러다가 6~7세가 되면 어른과 똑같이 자유자재로 말하게 됩니다.

아이의 말하기 실력이 이렇게 눈부시게 발달하는 것을 본 엄마들은 '글자를 빨리 가르쳐야 하지 않을까?' 하고 생각합니다. 언제, 어떤 방식으로 가르칠 것인지에 대해 고민하기 시작하면서 한글 벽그림을 벽에 붙이고, 한글 자석도 사다 놓고, 한글 떼기 책도 사다 놓습니다.

한국독서교육개발원 연구 파트너 중 5세 엄마들의 80% 이상은 이 문제에 대한 해답을 찾고 있었습니다. 그러나 복잡하게 생각할 필요는 없습니다. 글자 가르치기에 가장 적당한 시기는 '아이가 글자를 물어 올 때'입니다. 물론 이 시기는 아이들마다 다릅니다.

그림책을 같이 읽다 보면, 엄마가 읽는 글자를 눈여겨보는 경우가 있습니다. 이때 아이가 "무슨 글자야?" 하고 물어보면 대답해 주어야 합니다. 아이가 물어보는데 일부러 모른다고 할 필요는 없으나, 물어보지도 않는 아이에게 글자를 주입식으로 가르칠 필요도 없습니다.

또, 아이를 데리고 차를 타고 갈 때, "저 글자는 무슨 글자예요?" 하고 물으면 한 글자씩 가르쳐 주세요. 이렇게 질문하는 것은 글자에 대해 호기심이 생겼다는 의미입니다. 글자에 대한 관심은 더 많은 독서, 더 적극적인 독서에 대한 욕망을 표현하는 신호입니다.

어떻게? **낱말 수준으로**

아이들이 글자를 깨치는 과정을 보면 먼저 단어를 깨칩니다. 그리고 단어들을 이어 문장을 읽습니다. 그 뒤에야 낱자를 알게 되고, 낱자를 익히면 자음과 모음에 관심을 갖습니다. 이런 글자 공부는 우뇌를 통한 사진 찍기 방법으로, 만 6세 전후의 아이들에게 가장 알맞은 문자 학습 방법입니다.

예를 들어 책 속에서 '사과'라는 글자를 찾게 합니다. 이때 아이가 사과를 좋아한다면 효과는 더욱 좋습니다. 책 속에서 사과라는 글자를 일곱 번만 찾으면, 그 글자는 아이의 두뇌 속에 확실하게 각인됩니다. 또, 사과에 대한 동시나 동화를 읽어 주면서 글자를 찾는다면 효과는 더욱 높아집니다.

자음과 모음을 먼저 가르치는 경우도 있습니다. 이것은 좌뇌를 통한 글자 깨치기 방식입니다. 논리의 두뇌가 발달한 8세 이상 아이들이나 성인의 경우에는 자음과 모음 방식이 더 효과적입니다. 그러나 우뇌를 사용하는 만 6세 전후의 아이들에게 자모식 한글 깨치기는 두뇌에 부담을 주는 무리한 방법입니다.

아이들은 추측하며 글자를 깨친다

아이가 글자에 관심을 나타내면 엄마는 아이와 함께 날마다 책을 읽는 것이 좋습니다. 그러면 아이는 어떤 글자에서 그런 소리가 나는지 옆에서 유심히 보아 둡니다. 어떤 아이는 엄마랑 방금 읽은 책을 들고 가서 저 혼자 읽어 보기도 합니다. 물론 글자를 정확하게 읽는 것은 아닙니다. 그저 추측해서 읽습니다. 이때 엄마는 잘 읽는다고 칭찬해 주어야 합니다. 그러면 아이들은 신이 나서 더 큰 소리로 읽습니다. 될 수 있으면 아이가 큰 소리로 읽도록 유도합니다. 큰 소리로 읽는 것을 보면 아이의 발음 상태도 알 수 있습니다.

아이들의 추측 능력은 대단합니다. "이건 내 이름의 '정', 이건 '지', 이건 '혜'야." 하면서 책 속에서 글자를 찾아냅니다. 그리고 모르는 글자가 나오면 그림을 보고 무슨 글자일지 추측해 보기도 합니다. 물론 이때 상상력과 추리력이 높은 아이들이 더 잘합니다. 상상력이 높으면 추리력도 높아서 글자를 더 정확하게 추측해 냅니다.

　추측하기를 좀 더 적극적으로 적용해도 좋습니다. 아이가 글자를 물어 오면 바로 대답해 주지 말고 다음처럼 말합니다.

　"글쎄, 무슨 글자인지 짐작해 보렴."

　그러면 아이는 앞뒤 글자, 그림 줄거리 등을 종합해서 글자를 추측합니다. 이 활동의 장점은 글자 읽기에 흥미를 느끼게 될 뿐 아니라, 상상력, 추리력까지 높아진다는 것입니다.

문자를 깨치면 **소리 내어 읽는다**

옛날 서당의 학동들은 훈장님을 따라 '하늘 천 따 지'를 소리 내어 읽었습니다. 또, 대감댁 자제들도 아침에 큰 소리로 혼자서 책을 읽었습니다. 이렇게 소리 내어 읽기는 예부터 우리나라 읽기 교육의 중요한 자리를 차지해 왔습니다.

소리 내어 읽는 음독音讀은 1970년대까지는 우리나라의 초등학교 저학년 교실에서도 흔히 볼 수 있었던 풍경입니다. 그러나 1980년대로 오면서 학교에서나 가정에서 음독은 거의 사라졌습니다. 여러 사람이 있을 때 누가 음독을 하면 다른 사람이 방해받을 수 있기 때문에 학교에서 금지하게 되었습니다.

그러나 음독은 매우 좋은 읽기 방법의 하나입니다. 음독은 뇌 전체를 활발하게 활동할 수 있게 돕는 뇌의 전신운동입니다. 종이에 쓰인 문자를 읽어서 두뇌에 전달하고, 두뇌에서 다시 음성 언어로 바꾸어 발화한 다음, 그 발화된 소리가 다시 자신의 귀로 들어가 두뇌에 저장되기 때문입니다.

특히 시를 읽을 때에 큰 소리로 읽으면 리듬과 멜로디를 탄 자신의 음성을 들으며 즐거운 미적 흥분까지 경험하게 됩니다. 이것은 집회에서 다같이 노래를 부르거나 구호를 외칠 때에 느끼는 즐거움과 비슷한 것입니다.

음독은 속으로 읽는 묵독默讀 때보다 기억의 강도도 두 배 정도 높여 줍니다. 문자는 읽지만 문장을 이해 못하는 아이들, 읽은 내용을 금방 잊어버리는 아이들에게 음독을 시키면 이해가 확실해지고, 망각의 곡선도 둔화됩니다.

따라서 집에서 읽을 때는 자주 음독으로 읽게 하는 것이 좋습니다. 그러나 2학년까지는 소리 내어 읽기가 이해를 빠르게 하지만, 3학년부터는 묵독이 빠릅니다. 그래서 시키지 않아도 아이들은 3학년쯤 되면 자연스레 묵독을 하게 됩니다.

입학 전에 완벽하게 읽고 쓸 필요는 없다

초등학교 1학년 선생님 중에는 아이들이 글자는 어느 정도 알고 왔다고 생각하고 수업하는 경우가 있다. 이름이나 몇 가지 중요한 글자를 배우고 가는 것이 좋지만 쓰기까지 완벽하게 배우고 가면 학교 공부에 대한 호기심을 잃게 된다. 한국교육개발원 국어교육연구실은 '초기 독서 연구'라는 보고서에 '글자를 일찍 깨치고 학교에 온 아이일수록 학교에 대한 신비감이 없다.'는 연구 결과를 발표했다. 문자를 완벽하게 깨치고 온 아이의 경우, 초기에는 공부를 활발히 하지만 1학기가 끝나기도 전에 흥미를 잃고 산만한 장난꾸러기가 되는 예가 많았다.

만화에 빠지기 전에
어휘력 높여 주기

어휘력은 공부하는 데 필요한 **기초 도구**

책을 좋아하고, 공부를 좋아하는 아이들은 어휘력이 높습니다. 책에 나오는 단어의 뜻을 이미 알고 있으니 이해가 잘 되고, 나오는 문제를 척척 맞히니 공부가 쉬우며, 기분이 좋아지니까 점점 공부가 재미있고 즐거울 수밖에요. 그래서 어휘력을 가리켜 '독서와 공부의 기초 도구'라고 합니다.

어휘력은 책읽기와 공부 이외에도 쓸모가 아주 많습니다. 어휘력이 낮을 때 일어나는 현상에 대한 연구를 요약하면 다음과 같습니다.

- 만화책을 좋아한다. - 단어가 많이 나오는 책을 읽을 수 없기 때문에 단어가 적은 만화를 선호한다.
- 독서할 때 5분 이상 집중하지 못한다. - 단어를 모르니 내용 이해가 안 되어 책읽기가 즐겁지 않다.
- 말하기 기술이 부족하다. - 말하기에 두려움을 느끼고, 선생님의 질문에 똑똑하게 대답하지 못한다.
- 듣기 기술이 부족하나. - 모르는 단어가 많아서 남의 말이 귀에 들어오지 않는다. 그래서 딴청을 피우고 산만한 아이가 된다.
- 학년이 올라갈수록 성적이 떨어진다. 학년이 올라갈수록 어려운 단어가 많이 나오기 때문에 공부와 멀어지게 된다.
- 친구들에게 인기가 없다. - 유머와 위트가 부족하여 친구들과 교감이 이루어지지 않아 외톨이가 된다.

엄마가 주도하여 **어휘력 높여 주기**

첫째, 전래동화를 더 읽어 주세요. 옛날이야기는 어휘의 밭입니다. 생활 어휘는 물론, 개념 어휘, 문학 어휘 등 앞으로 학업을 이어갈 때나 삶을 살아가는 데 필요한 어휘들이 소복하게 들어 있습니다. 그것도 반복하기, 대립하기, 점점 커지기, 점점 작아지기, 리듬 타기 등 재미있는 배열로 나타나기 때문에 읽어 주기만 해도 어휘들이 머릿속으로 쏙쏙 들어갑니다.

읽어 줄 때에는 특별히 가르쳐 주고 싶은 어휘를 더 크게, 강조하는 억양으로 읽어 줍니다. 그러면 아이의 두뇌에 더 잘 각인됩니다. 하나의 어휘가 두뇌 속에 각인되려면 최소 일곱 번 이상은 들려야 합니다. 주입식으로 들려주는 것보다는 이야기 도중에 자연스럽게 들을 때 더 잘 각인됩니다.

둘째, 어른끼리 하는 대화에 참여시킵니다. 아무리 많은 어휘를 기억하고 있다 해도, 그 어휘들을 사용하지 않으면 자신의 것이 되지 못합니다. 나이 많은 어른들과 자주 대화를 나누면 아이의 어휘력이 부쩍부쩍 늡니다. 간혹 아이들이 어른들 대화에 끼어드는 것을 예의에 어긋난다고 여기는 부모들이 있는데, 이는 아이들의 어휘력 향상에 마이너스가 될 뿐입니다.

셋째, 구체적인 언어로 지시합니다. 엄마들 중에는 아이에게 지시할 때, "그거 뭐니?" 혹은 "저거 가져와." 등등 지시어를 넣어 말하는 경우가 많습니다. 하늘을 가리키며 "저것 좀 봐." 하는 부모와 "푸른 하늘 좀 봐. 천천히 흘러가는 흰 구름이 참 아름답다. 꼭 양 떼를 몰고 가는 목동 같지 않니?"라고 말하는 엄마의 아이는 어휘력에 큰 차이가 납니다.

넷째, 산책하면서 질문하기입니다. 아이의 손을 잡고 동네나 시장을 산책하며 질문을 합니다.

"파란 가게 담 위에 무슨 꽃이 피었나?"

"빨간 바구니에 담겨 있는 게 무언지 알겠니?"

이런 질문들을 통해 아이의 어휘력 수준을 확인하고, 잘못 알고 있는 어휘를 정정하는 기회도 만들어 줍니다. 아이가 대충 말하면 자세하게 말하게 해서 더 많은 어휘를 사용할 수 있게 도와줍니다.

다섯째, 불완전한 문장을 완전한 문장으로 바꿔 줍니다. 아이가 "엄마, 차." 하고 말하면 "그래, 빨간색 차가 빠르게 가는구나." 하고 긴 문장으로 대답해 주면 아이는 좀 더 많은 어휘를 알게 됩니다.

여섯째, 말놀이 게임을 합니다. "리자로 끝나는 말은?" 또는 "나자가 가운데 들어가는 말은?" 등과 같은 말놀이 게임은 어휘에 대한 관심을 불러일으키기에 적당합니다.

일곱째, 어려운 단어의 뜻을 물어보면 글자를 가르칠 때와 마찬가지로 바로 대답해 주지 말고 "글쎄, 네가 짐작해 보렴." 하고 말합니다. 아이가 짐작해서 말했을 때 맞으면 크게 칭찬해 줍니다. 그런 일이 두세 번 반복되면, 아이들은 모르는 어휘가 나오더라도 포기하지 않고 스스로 추측해 보게 됩니다.

여덟째, 엄마가 의도적으로 고급 어휘를 사용합니다. 그러면 아이들은 부모가 쓰는 어휘의 뜻을 자연스럽게 익힙니다. 어느 날 아이가 고급 어휘를 써서 말하면 칭찬해 줍니다. 아이가 보는 앞에서 조부모나 친척, 선생님에게 전화를 걸어 아이의 어휘 실력을 칭찬하는 것도 좋습니다.

요점이 쏙쏙!
줄거리 찾기 능력 길러 주기

줄거리 찾기는 읽기의 첫 계단

초등학교에 들어가면 책을 읽어 주는 육아는 서서히 끝나 갑니다. 읽어야 할 책의 양에 비해 엄마와 함께할 시간이 턱도 없이 부족하기 때문이지요. 이제는 독서의 이유식인 읽어 주기를 떼고, 스스로 읽기를 시작할 때입니다. 이때 가장 먼저 길러 줄 능력이 바로 '줄거리 찾기' 능력입니다.

책을 읽어 나갈 때 머릿속에 줄거리가 엮어지지 않으면 책의 내용은 글자의 나열에 불과합니다. 그러나 줄거리 찾기 능력이 있으면 그 글자들은 의미를 갖게 됩니다. 그 의미가 책을 읽는 즐거움을 주고, 책을 끝까지 읽어 갈 수 있는 에너지를 발생시켜 줍니다.

초등학교 1학년에게 〈토끼와 거북〉이란 동화를 읽게 한 다음에 "무슨 이야기가 쓰여 있니?" 하고 물으면 다음과 같이 대답할 것입니다.

"토끼와 거북이가 달리기 경주를 했어요. 토끼는 빨리 달리고, 거북이는 느리게 기어갔어요. 토끼는 낮잠을 자고, 거북이는 열심히 쉬지 않고 갔어요. 그래서 거북이가 이겼어요."

이것이 대강의 줄거리입니다. 독해의 가장 초보적인 기능은 이러한 줄거리의 발견입니다.

책읽기의 기쁨을 알려 주는 **줄거리 찾기**

독자가 책을 읽을 때, 머릿속에서는 책의 내용을 구슬처럼 꿰어 가며 줄거리를 만듭니다. 그러나 이때 어떤 독자도 한 권의 책 내용을 한 자도 빠짐없이 기억하지는 못합니다. 내용 중에서 취사선택하여 이해하고, 기억할 뿐입니다. 이때 취사선택의 가장 중요한 기준은 '사건'입니다. 중요한 사건을 순서대로 읽어 내는 방법이 곧 줄거리 찾기입니다.

줄거리 찾기란 긴 글을 줄거리의 형태로 간편하게 이해하고 기억하는 독해 방법입니다. 그러나 책의 내용이 독자의 머릿속에 저장되는 순서는 책의 순서와 꼭 같다고는 할 수 없습니다. 책의 내용 순서가 현재 → 대과거 → 중과거 → 과거 → 현재로 기술되어 있다 하더라도, 독자의 머릿속에 저장되는 줄거리의 순서는 대과거 → 중과거 → 과거 → 현재로 자리매김됩니다. 즉, 줄거리 읽기란 책의 내용을 시간적 순서에 따라 재배치하는 읽기의 방법입니다. 그래서 줄거리 읽기를 마친 독자는 '원인과 결과' 혹은 '인과관계'를 알 수 있습니다.

이야기가 가지고 있는 줄거리에는 인간에게 기쁨을 주는 어떤 요소가 들어 있습니다. 책 속에서 이야기가 굽이굽이 흘러갈 때 인간은 '추측과 확인'이라는 게임을 벌이는데, 이야기가 흘러가는 방향이 추측한 대로 될 때에는 희열을 느끼고, 빗나갈 때는 실망하지만 곧 다음 장면을 추측하면서 작품 속에 몰입합니다.

이 기쁨은 두꺼운 책을 끝까지 읽어 나갈 수 있는 인내력을 제공하고, 앞으로 다른 책을 더 읽어야겠다는 의욕과 에너지가 되기도 합니다. 특히 주의집중력이 약한 어린이에게 줄거리 찾기 게임은 책읽기의 기쁨을 선사해 줍니다.

줄거리 찾기 능력이 **탄탄해지는 방법**

첫째, 전래동화, 생활동화 등 줄거리가 뚜렷한 책을 읽어 준 다음에 줄거리를 말하게 합니다. 들은 줄거리를 다시 말하게 하면, 다음부터는 들을 때 줄거리에 관심을 갖고 듣게 됩니다.

둘째, 아이가 만든 줄거리가 엉성할 때는 언제, 어디서, 누가, 무엇을, 어떻게, 왜 했냐고 물어봅니다. 그러고 나서 다시 말하게 하면 처음

보다 쉽고 완벽하게 줄거리를 말합니다.

셋째, 줄거리 만들기가 서툰 아이에게는 이야기 속에서 사건이 일어난 순서를 그림으로 그려 주거나 글씨로 써 줍니다. 그리고 그것을 지도삼아 줄거리를 말하게 하면 정확한 줄거리를 수월하게 말할 수 있습니다.

넷째, 이야기의 내용을 다른 사람에게 전해 주면 줄거리 찾기 실력이 탄탄해집니다. 누구에게 이야기해 주겠다는 생각으로 이야기를 들으면 더 꼼꼼하게 들으려고 합니다. 이 방법은 이야기의 재구성 능력까지 높여 주는 장점이 있습니다. 머릿속에 입력된 내용을 다시 꺼내어 말한다는 것은 자신의 언어로 바꾸는 과정입니다. 이런 재구성 과정에서 중요한 것과 덜 중요한 것을 취사선택하게 됩니다. 그래서 요점 읽기 능력까지 길러집니다. 학교에서 공부 잘하는 아이들, 잠깐만 공부해도 성적이 좋은 아이들은 모두 요점 읽기 능력이 높습니다. 요점 읽기란 시험에 나올 문제를 미리 아는 것과 다름없기 때문입니다.

8

공부가 즐거워지는
집중력 길러 주기

공부를 하려면 집중력이 필요하다

집중력이란 마음을 한곳으로 응축시키는 힘입니다. 생리적으로 3분 이상을 집중하지 못하는 어린이들에게 독서와 공부를 가능하게 해 주는 힘이기도 합니다. 학습 능력 전문가들은 영재의 특징으로 '강력한 집중력'을 꼽고 있습니다. 집중력이 낮은 아이들은 학교에 가서 책을 읽거나 선생님 말씀을 확실하게 들을 수 없기 때문에 학교 성적이 낮을 수밖에 없습니다.

교육 선진국인 핀란드 유아 교육의 핵심은 집중력과 인내심 기르기라고 할 수 있습니다. 만 6세가 된 아이들을 놀이 중심으로 가르치면서 초등학교에 들어갈 자격이 있는지 판단하는 기준으로 집중력을 중요하게 여기고 있습니다.

세 살 전 아기들의 경우 생활 속에서는 1분 이상도 집중하지 못하지만, 책을 읽어 주면 3분 이상 집중합니다. 독서를 좋아하는 아이들은 그렇지 않은 아이들에 비하여 2~3분 정도 더 집중할 수 있습니다. 그래서 독서를 좋아하는 아이일수록 유치원에 가면 8~10분 정도는 거뜬히 집중합니다. 10분! 짧은 시간 같지만 그렇지 않습니다. 초등학교 1학년의 경우, 10분 동안 집중이 가능하다면 수업 시간에 선생님과 눈을 맞추는 매우 모범적인 학생이 될 수 있습니다.

청각 집중력을 길러 주는 빠진 곳 찾기

듣기 능력은 학습 능력의 절반입니다. 선생님의 이야기나 강의 내용이 모두 듣기 능력을 필요로 하기 때문입니다. 그래서 초등학교에 들어가기 전에 듣기 능력을 점검하고 길러 주는 것이 중요합니다.

유아의 청각 집중력을 길러 주는 독서로 전래동화만 한 것이 없습니다. 한 연구에 의하면 '한 번 혹은 여러 번 들었던 옛날이야기를 듣는 것이 새로 듣는 것보다 더 재미있다.'고 합니다. 그 이유는 빠진 곳 찾기 능력 때문입니다. 우리의 두뇌는 이전에 들었던 것을 기억하고 있다가 견주어 보는 비교의 재미를 즐깁니다. 이때 청각 집중력이 높을수록 재미는 배가 됩니다.

또 시 읽기도 빼놓을 수 없습니다. 시는 집중력을 길러 주기에 좋은 장르입니다. 시 특유의 리듬 있는 문장이 감정에 영향을 미쳐 동화나 위인전보다 머릿속에 더 잘 스며들기 때문입니다. 시를 읽거나 외며 길러진 집중력은 나중에 독서를 하거나 공부할 때에도 쉽게 발현됩니다.

읽기가 **시각 집중력**을 길러 준다

책읽기는 시각 집중력이 요구됩니다. 유아들은 문자 읽기보다 그림 읽기로 읽기를 시작합니다. 그림 속에 들어 있는 이야기를 찾아내려면 예리한 시각 집중력이 필요해서 집중력이 높을수록 그림 속에 들어 있는 정보나 이야기를 더 많이 찾아냅니다. 반면에 집중력이 약한 아이들은 그림을 대충 보기 때문에 찾아낼 수 있는 정보나 이야기가 빈약합니다.

그림 읽기를 통해 시각 집중력을 길러 주려면 '다른 그림 찾기'나 '숨은 그림 찾기' 훈련을 시작하세요. 〈다른 그림 찾기〉 책을 보며 다른 곳이나 빠진 곳을 찾는 활동을 하면 시각 집중력이 강화되어 문자로 된 교과서를 읽을 때에도 빠르게 적응합니다. 그래서 공부가 쉽고 즐거운 아이로 성장합니다. 일상생활 속에서도 다른 곳 찾기나 빠진 곳 찾기 놀이로 집중력을 높일 수 있습니다.

집중력을 길러 주는 **창의력 놀이**

종이접기, 오리기, 색칠하기 등 창의력 놀이를 통해 집중력을 자연스럽게 높일 수 있습니다. 아이들은 창의력과 상상력을 발휘하여 새로운 결과를 만들어 내는 창조 놀이에 의외로 오랫동안 집중합니다. 특히 종이접기는 2차원의 종이가 3차원으로 변하는 마법 같은 놀이입니다. 동화작가 안데르센은 종이접기와 오리기를 즐겼는데, 그가 가진 창조적 집중력이 오리기와 종이접기를 통하여 길러졌다고 말하는 연구자들도 있습니다.

끝말잇기, 낱말 퍼즐도 함께해 보세요. 언어에 대한 흥미와 함께 집중력도 탄탄해집니다. 이런 언어적 집중력은 두뇌의 언어 영역을 강화시켜 어휘력을 길러 주고, 말하기 능력과 쓰기 능력을 높여 줍니다.

불록 쌓기, 조각 그림 맞추기, 동전 쌓기, 젓가락으로 콩 줍기 등의 집중력 놀이도 좋습니다. 처음에는 잠깐 동안 하다가 차츰 시간을 늘려 갑니다. 집중 시간이 길어진다면 집중력이 늘고 있다는 증거입니다.

지식의 억만장자로 만드는
기억력 높여 주기

기억력을 높여 주는 **화가처럼 읽기**

독일의 심리학자 헤르만 에빙하우스는 〈기억에 관하여〉라는 책에서 '망각 곡선'이라는 실험 내용을 발표했습니다. 실험에 참여한 사람들에게 아무 의미 없는 철자들을 늘어놓고 암기하도록 시킨 다음에 그룹별로 시간을 달리 하여 특정 시간 이후 그 무의미한 철자들을 얼마나 기억하고 있는지를 테스트한 것입니다.

실험 결과, 19분이 지나면 42%를 망각하고 1시간 후에 56%, 하루 뒤에 67%, 한 달 뒤에는 80% 가까이 망각한다는 결과가 나왔습니다.

시간의 흐름에 따라 조금씩 더 망각되는데, 초기엔 빠르게 진행되고 후반부로 갈수록 속도가 느려진 것을 알 수 있습니다. 그렇다면 두뇌 속에서 일어나는 망각의 속도를 어떻게 늦출 수 있을까요?

책을 읽을 때에 문자를 이미지와 영상으로 바꾸면 재미있는 독서가 됩니다. 재미만 있는 것이 아니라 책의 내용을 정확하고 간결하게, 그리고 오래도록 기억할 수 있습니다. 이렇게 문자의 내용을 이미지와 영상으로 바꾸는 읽기 방법을 나는 '화가처럼 읽기'라고 명명했습니다. 연상 작용을 활용한 기억법인데, 이미지로 전환된 기억은 아무리 복잡하고 어려워도 쉽게 기억한다는 이론에 근거한 읽기 방법입니다.

〈이순신 장군〉을 읽을 때, 장군이 일본 함대를 학익 전법으로 유인하여 격파했다는 이야기를 읽으며, "아, 그렇구나."라고 단순히 이해할 경우에는 머릿속에 오래 남지 않습니다. 그러나 일본 함대가 들어오도록 유인하는 장면에서 학의 날개처럼 포진된 우리 배들이 일본 배를 에워싸고 공격하여 무찌르는 장면을 구체적으로 상상하게 하면, 학익 전법을 더 오래 기억할 수 있습니다. '이해하기'로만 그친 학습보다 '상상하기'를 동원한 학습이 망각의 곡선을 둔화시키기 때문입니다.

책 속에 나온 장면을 머릿속에 그려 보라고 해서 모든 아이들이 똑같은 효과를 내는 것은 아닙니다. 상상력의 차이에 따라 그 효과도 비례합니다. 즉 생생하게 상상하느냐, 희미하게 상상하느냐에 따라 기억의 강도, 기억의 내용, 망각의 속도가 달라집니다. 그러므로 화가처럼 읽기 위해서는 강력한 상상력이 필요합니다.

지식의 억만장자로 만드는 **마인드맵 기억법**

인간의 기억 속에 저장된 정보들은 문장이 계속적으로 이어지는 것처럼 선형 구조로 조직되어 있는 게 아니라 그물망과 같은 공간 구조를 이루고 있습니다. 예를 들어 '스피츠는 불독보다 작다.'란 문장을 읽을 때 우리 두뇌는 '스피츠<불독'으로 기억합니다.

이런 인간의 기억 구조를 이용한 것 중에 세계지도가 있습니다. 지구를 이루고 있는 육지와 바다의 모습을 글로 써 놓은 책을 한 권 읽었다고 해도 세계지도를 한 번 보는 것만큼 한눈에 들어오지는 않습니다. 공간적인 형태를 취한 지도가 선적인 형태를 취하고 있는 줄글보다 기억하기가 쉽기 때문입니다.

마인드맵Mindmap 기억법은 읽은 책의 내용을 공간화해 보는 작업입니다. 이것을 연습할 때는 전래동화가 가장 좋습니다. 그림책이나 창작동화는 이미지와 분위기로 말해 주는 책이라 마인드맵을 만들기가 어렵습니다. 반면에 전래동화는 이야기의 사건이 공간 구조로 짜여 있기 때문에 마인드맵 만들기가 편리합니다.

우선 책을 읽어 주고 내용을 종이 위에 그림으로 그려 보게 합니다. 그러면 아이들은 느낌이나 줄거리를 그려 놓습니다. 이것으로는 아직 마인드맵식 기억을 하게 된 것은 아닙니다. 하지만 그림을 그리지 않았을 때보다는 더 잘 기억할 수 있습니다.

두 번째로 책의 내용을 시간 순서대로 그려 보게 합니다. 그러면 머릿속에서 자신이 들은 이야기를 순서대로 늘어놓는 작업을 합니다. 이

때 기억은 한결 탄탄해집니다.

세 번째, 이번에는 시간 순서로 늘어놓지 않고 '의미 구조'로 배치하게 합니다. 예를 들어 〈홍부 놀부〉를 읽은 다음에 욕심 많은 사람과 욕심이 적은 사람으로 구분하는 것입니다. 아이들은 홍부와 그의 가족이 한 일, 놀부와 그의 가족이 한 일을 각각 다른 쪽에 배치합니다. 또, 〈콩쥐 팥쥐〉를 읽고는 콩쥐와 팥쥐가 한 일을 서로 다른 쪽에 배치합니다. 이런 활동이 계속되면 아이들은 점차 책을 읽을 때 공간적으로 배치하는 법을 배우게 됩니다.

네 번째는 공간 구조로 배치할 때 시간 순서까지 고려하는 것입니다. 그러면 이야기가 시간과 의미를 포괄한 정교한 마인드맵이 그려집니다. 이렇게 그려진 책의 마인드맵은 독자의 두뇌 속에 선명하고도 확실한 그림으로 기억되며, 다음에 다시 생각할 때에 바르고 정확하게 떠오릅니다.

기억 세포를 많이 참여시켜라

요즘 아이들은 모르는 것이 생기면 책이나 도감을 펼치지 않고 인터넷 검색으로 빠르게 찾고 있다. 인터넷 검색으로 얻은 지식은 망각의 곡선이 가파르다. 기억에 참여한 세포가 적기 때문이다. 우리가 초등학교 때 짝이었던 친구 이름을 지금까지 기억하는 건 공간(해마)–감정(편도체)–스토리(대뇌)가 합작한 결과로, 꽤 오랫동안 지속된다. 빠르고 손쉽게 습득한 지식은 오래 가지 않는다. 감정, 공간, 스토리가 버무려져 많은 기억 세포가 참여한 지식은 오랫동안 기억된다.

논리 지능을 길러 주는
이유 대기 독서놀이

엄마, **논리가 뭐예요?**

논리가 무엇인지 모르는 어린아이라도 매일매일 부딪히는 크고 작은 문제들을 생각하고 해결할 때 나름대로의 논리를 사용합니다.

'오늘은 구름이 끼었으니 비가 오겠네.'

'엄마가 화장하는 걸 보니 외출하실 모양이야.'

이런 식으로 아이들도 나름대로의 논리를 사용하고 있습니다. 어른들은 아이가 눈치가 빠르다고 말하는데, 사실은 논리가 싹튼 것입니다.

논리란 이와 같이 원인과 결과를 연결시켜 누구에게나 정말이라고 믿게 만드는 생각의 힘입니다. 논리에는 강한 논리와 약한 논리가 있습니다. 약한 논리는 강한 논리를 만나면 쉽게 무너집니다. 어떤 사람의 말이나 생각이 강한 힘을 가지려면 강한 논리로 무장해야 합니다.

셰익스피어의 희곡 〈베니스의 상인〉에서 고리대금업자 샤일록이 빌려준 돈의 대가로 안토니오에게 받고자 했던 살 1파운드는 '살 1파운드를 벨 때 피 한 방울도 흘려서는 안 된다.'는 포샤의 논리를 이길 수 없어서 허물어지고 맙니다.

논리적 사고는 대개 5~6세경부터 조금씩 발달하기 시작해 8~9세가 되면 눈부신 속도로 발달합니다. 논리가 싹트면 아이들은 우뇌로 생각하기를 좌뇌로 바꾸어 갑니다. 초등학교에 입학해서 문자를 배우고 수학, 과학을 배울 때는 특히 논리적 사고가 필요합니다.

5~6세 유아들에게 논리적 사고를 이론으로 학습시킬 필요는 없습니다. 생활 속에서 조금씩 길러 주는 것이 좋습니다. 논술이 중요하다고 해서 억지로 논술 공부를 할 필요도 없습니다. 이 시기 아이들의 두뇌는 논리적 결과물을 만들 만큼 준비가 되어 있지 않습니다. 준비되지 않은 상태에서 강요하면 부작용이 일어납니다.

신문이나 텔레비전 뉴스를 보다가 아이들도 생각해 볼 수 있는 기사를 선택하여 어떻게 생각하는지 물어봅니다. 그리고 그렇게 생각한 이유도 말하게 합니다. 이런 활동으로 길러진 아이들의 논리 지능은 고학년이 되었을 때 논술에 대한 거부감이나 두려움을 없애 줍니다.

네가 잘했다는 이유를 댈 수 있겠니?

형제 간의 갈등이나 라이벌 의식은 나쁘다고만 할 수 없는 감정입니다. 적당한 갈등은 더 잘해 보려는 의욕을 불러일으켜서 스스로를 발전시키기 때문입니다. 집 안에서 일어나는 형제 간의 다툼 속에서도 논리 지능을 키울 수 있습니다.

형제자매 중 한 아이가 엄마에게 와서 억울하다고 호소합니다. 그러면 또 한 아이도 호소합니다. 그러면 엄마는 두 아이에게 각자 억울한 것이 무엇이고, 상대방에게 요구할 것이 무엇인지 조목조목 말해 보라고 합니다. 그러면 아이들은 엄마가 판단하는 데 유리한 입장을 차지하기 위래 머리를 짜내어 자신의 심정을 말합니다. 머릿속을 뒤져서라도 자신에게 유리한 주장을 말합니다. 좀 더 나은 단어를 배열하고, 좀 더 호소력 있는 말로 엄마의 마음을 사로잡기 위하여 심혈을 기울입니다.

이때 이유를 대지 않는 아이가 있다면 자연스레 지는 것입니다. 그래서 아이들은 이기려고 열심히 이유를 찾습니다. 그러는 동안 아이의 논리 지능은 자연스럽게 개발됩니다.

전래동화 들으며 논리 지능 키우기

전래동화를 잘 들여다보면 어떤 규칙을 발견할 수 있습니다. 첫째는 '삼세번의 규칙'입니다. 아들이 셋인데, 아버지의 병을 고치려고 삼 형제가 길을 떠나지만 성공하는 것은 언제나 셋째 아들입니다. 첫째도 실패하고, 둘째도 실패하지만 셋째는 항상 성공합니다. 이야기를 듣던 아이가 말합니다.

"엄마 또 셋째 아들이 성공했네요? 〈할미꽃 이야기〉에서는 셋째 딸이 성공했는데요."

이 아이는 논리 지능이 발달한 아이입니다. 그러나 이런 논리를 펼치지 않는다고 해도 실망할 필요는 없습니다. 아이가 규칙을 발견할 수 있도록 엄마가 질문해 주면 됩니다.

"어머, 또 셋째가 성공했네! 그런데 왜 셋째만 성공하는 걸까?"

그러면 아이들은 고개를 끄덕이며 말할 수 있습니다.

"셋째가 제일 열심히 해서요."

"셋째는 형들이 하는 걸 보고 저렇게 하면 안 된다는 걸 알게 되었거든요."

아이가 이렇게 말할 수 있다면 엄마와 아이는 훌륭한 논리 수업을 진행하고 있는 셈입니다.

둘째, 전래동화는 점층법을 사용하고 있습니다. 작은 것에서 큰 것으로, 주변에서 핵심으로, 중요하지 않은 것에서 중요한 것으로, 가까운 곳에서 먼 곳으로 이야기가 진행됩니다. 〈금도끼와 은도끼〉에서 산신령은 나무꾼에게 금도끼를 주었다가 은도끼를 주었다가 마지막에야 나무꾼이 잃어버린 쇠도끼를 보여 줍니다. 이런 점층법이 이야기 속에서 어떤 역할을 하고 있는지 알아내는 것도 훌륭한 논리 학습입니다.

옛날이야기를 들려주면 그냥 재미있게 수동적으로 듣던 아이들도 5~6세가 되어 논리 지능이 싹트면 점층법을 발견하고 외칩니다.

"엄마, 이제 조금 더 큰 호랑이가 나오겠네?"

만약에 아이가 점층법을 발견하지 못한 경우에는 엄마가 다음과 같이 질문하면 됩니다.

"이번에는 어떤 호랑이가 나올까?"

"조금 더 큰 호랑이가 나올 거야."

"왜 그렇게 생각했지?"

"그야 아까는 조금 작은 호랑이가 나왔잖아?"

이 정도의 대화가 진행된다면 현재 아이의 논리 지능이 매우 높은 상태이므로 기뻐해도 좋습니다.

셋째, 전래동화에는 '인과응보의 법칙'이 들어 있습니다. 모든 전래 문학 속에 들어 있는 이 법칙은 인류의 조상들이 발견한 삶의 진리입니다. 그들은 자신들이 발견한 소중한 인생의 진리를 후손들에게 전해 주기 위해 이야기 속에 넣어 놓았습니다. 그래서 아이들이 인과응보의 법칙을 발견하는 것은 인류 조상들이 물려준 삶의 법칙 하나를 발견하는 것과도 같습니다.

"엄마, 심청이는 착하니까 왕비가 된 거지?"

"엄마, 콩쥐는 착해서 왕비가 되고, 팥쥐는 마음씨가 나빠서 벌받은 거지?"

이런 인과응보의 법칙을 발견한 아이는 이미 논리 지능이 싹튼 상태입니다. 아이가 이런 질문을 하지 않는다면 다음처럼 질문하면 됩니다.

"심청이가 왕비가 된 까닭이 뭘까?"

그러면 아이는 말할 것입니다.

"마음씨가 고와서요."

책과 친밀감을 높여 주는 구연동화

구연동화란 동화를 입으로 실감 나게 들려주는 것을 말한다. 들려주는 사람의 표정과 제스처가 들어가기 때문에 책 내용이 머릿속에 더 오랫동안 기억된다. 특히 어렵거나 복잡한 내용의 책이라면 구연동화로 들려주는 것이 도움이 된다. 그런데 동화를 들려줄 때 너무 다양한 자료를 사용하는 것은 오히려 이해력을 떨어뜨린다는 연구 결과도 있다. 구연동화는 표정과 제스처로만 하는 것이 아이들에게 상상할거리를 남겨 주어 상상력 교육에 도움이 된다.

11

질문 능력을 길러 주는
왜 그럴까 독서놀이

독서가 길러 주는 **질문 능력**

책을 읽고 나서 질문을 하지 않는 아이는 이야기를 이해하지 못했거나 공감하지 못한 상태입니다. 질문 없는 독자는 지은이가 넣어 놓은 한정된 지식을 얻을 수는 있지만, 새로운 지식이나 감동을 얻기는 어렵습니다. 우리가 책육아를 통해 기대하는 것은 읽고 있는 책의 저자보다 더 높은 사고력을 가진 독자입니다. 아이들이 떠올리는 질문을 나누어 보면, 다음의 세 가지로 나눌 수 있습니다.

첫째, 창조적 사고에서 나온 질문입니다.

"만약에 내가 주인공이라면 이럴 때 뭐라고 말할까?"

"요즘 이런 일이 생긴다면 어떤 일이 벌어질까?"

"이 책의 결말과 다른 결말이 나온다면 어떨까?"

이런 질문이 아이의 머릿속에서 일어난다면 아이는 매우 창조적인 두뇌의 소유자입니다. 그러나 만일 이런 질문을 하지 않는다 해도 실망할 필요는 없습니다. 엄마가 아이에게 그렇게 질문하면 되니까요. 유아들은 학습 속도가 빨라서 엄마가 이런 질문을 몇 번만 해도 자신이 스스로 그런 질문을 만들어 냅니다. 엄마는 거기까지만 수고하면 됩니다.

둘째, 철학적 사고에서 나온 질문입니다.

"동화책에는 왜 삼 형제 이야기가 자주 나오는 걸까?"

"형이 막내보다 나쁜 사람으로 표현되는 이유는 무엇일까?"

"콩쥐 팥쥐, 백설 공주에는 왜 못된 새엄마 이야기가 나올까?"

이 같은 질문을 아이가 해 준다면 더없이 반가운 일이지만, 하지 않아도 걱정할 필요는 없습니다. 엄마가 철학적인 질문을 던지고, 아이가 대답하는 활동을 통해 연습하면 됩니다.

셋째는 생각의 불꽃을 타오르게 하는 질문입니다.

"알은 왜 둥글게 생겼을까?"

"씨앗은 왜 딱딱할까?"

"네모난 방은 왜 편안해 보이는 걸까?"

아이가 이런 질문을 하면 크게 칭찬해 주어야 합니다.

질문이 꼬리를 무는 시장 구경

시장 구경은 아이들에게 매우 유익한 공부가 됩니다. 시장에 가면 고등어 한 손, 팥 한 되, 김 한 톳 등 단위를 나타내는 어휘들을 배울 수 있습니다.

또, 손님이 많은 가게와 손님이 없는 가게를 보게 되는데, 이때 아이들은 주인의 표정, 물건의 진열 방식, 가게의 위치 등을 통하여 그 원인을 분석하기도 합니다.

"지난 번에 왔을 때랑 가격이 달라진 것 같아요."

"이 가게의 물고기가 저 가게보다 더 싱싱해 보여요."

이런 비교 능력을 기르기에 재래시장은 안성맞춤입니다.

또, 백화점에 가서는 비판 능력을 기를 수 있습니다.

"백화점에는 왜 창문이 없을까?"

"할인행사는 왜 일 년 열두 달 계속하는 거지?"

재래시장과 백화점을 다녀 본 아이는 물건값을 비교해 보고, 백화점이 비싼 이유를 스스로 알아냅니다. 할인마트에 가면 아이들은 또 다른 물건 진열 방식을 보며 생각합니다. 왜 물건을 낱개로 팔지 않고 묶어서 파는지, 그렇게 사는 게 이익인지 손해인지 머리를 굴려 봅니다.

군이 멀리 나가지 않아도 이렇게 생필품을 파는 곳에서 함께 체험해 보는 것으로도 아이들의 질문 능력이 높아집니다.

질문받고 자란 아이가 질문을 잘한다

"오늘 선생님한테 무슨 질문을 했니?"

"오늘 선생님 말씀 잘 들었니?"

위는 학교에서 돌아온 아이에게 유대인 부모들은 자주 하는 질문이고, 아래는 우리나라 부모들이 흔히 하는 질문입니다. 질문을 장려한 유대인 엄마들 덕분에 그들은 소수민족이면서 노벨상 수상자의 60%를 배출한 자랑스러운 민족이 되었습니다.

질문은 호기심의 표현이고, 두뇌가 살아 있다는 증표입니다. 두뇌가 잠자는 아이들은 질문을 하지 않습니다. 공부 잘하는 아이, 성공하는 자녀, 위대한 인물로 만들고 싶다면 먼저 질문쟁이 아이로 길러야 합니다.

사고력 학자들의 연구에 따르면 '어린 시절에 질문을 많이 받고 자란 아이가 질문을 받지 못하고 자란 아이보다 질문을 잘한다.'고 합니다. 어떤 질문을 받으면 두뇌에 자극이 가해져 그에 대한 답을 생각하고, 다른 질문이 떠오르게 마련입니다. 즉 질문이란 잠자는 아이의 두뇌를 깨워 주는 놀이이기 때문에 질문받고 자란 아이가 질문을 잘한다는 말도 생겨난 것입니다.

또, 아이의 질문에 엄마가 어떤 대답을 얼마나 성실하게 해 주었는가도 아이의 질문 능력에 영향을 줍니다. 엄마의 질문은 아이가 세상을 보는 능력, 이웃과 나를 보는 능력, 그리고 우주 속의 나를 인식하는 능력에까지 영향을 끼칩니다. 엄마의 불성실한 대답을 듣고 자란 아이는 질문을 두려워하는 아이, 질문하지 못하는 아이가 되고 맙니다.

12

대인관계 지능을 높여 주는
만약에 역할놀이

대인관계의 시작은 **입장 바꿔 생각하기**

우리나라 속담에 '제 귀염 제가 만든다.'는 말이 있습니다. 사랑받는 것도 능력이라는 말이지요. 사랑받기를 싫어하는 사람은 없을 테지만, 세상에는 사랑받지 못하는 사람들이 많습니다. 특히 요즘 학교에는 대인관계에 어려움을 겪는 아이들이 참 많습니다. 친구들과 싸움을 일삼는 아이, 친구를 따돌리는 아이, 선생님에게 다가가지 못하고 겉도는 아이, 다른 사람을 믿지 못하는 아이, 항상 화가 나 있는 아이…… 이런 아이들을 조사해 보면 자기중심적 사고 속에 갇혀서 입장을 바꿔 생각할 줄 모른다는 공통점이 있습니다.

'만약 내가 상대방이라면……' 이렇게 생각할 수 있는 아이라면 지하철에서 뛰지도 않고, 여럿이 사용하는 식당에서 큰 소리로 떠들지도 않을 것입니다. 그리고 학교에 가서도 친구를 때리지 않고 따돌리지도 않을 것입니다. 이런 아이들이라면 나중에 어른이 되었을 때, 귀찮은 가족, 보기 싫은 이웃이 되지는 않을 것입니다.

유아들에게 입장 바꿔 생각하는 연습을 시키려면 '만약에 역할놀이'가 좋습니다. '만약에 내가 엄마고 엄마가 나라면?', '만약에 내가 동생이고 네가 형이라면?'과 같은 역할놀이는 상대방을 조금이라도 이해할 수 있는 계기가 됩니다. 이때 역할에 맞는 말을 하고, 역할에 맞는 행동을 하는 것이 중요합니다.

이민경 글, 배현주 그림의 〈내가 엄마고 엄마가 나라면〉에서는 엄마가 아들의 역할을, 아들이 엄마의 역할을 맡으면서 벌어지는 신나는 모험이 펼쳐집니다. 그래서 서로의 입장을 이해하고, 가족의 소중함을 더 깊이 깨닫게 해 줍니다.

조력자와 친한 아이, 대인관계 지능이 높다

IQ 140인 아이가 있었습니다. 그 아이는 다른 사람보다 지능이 뛰어나 학교에서 공부도 잘했고, 졸업 후에 좋은 직장에도 들어갔습니다. 그러나 그는 남과 친하게 지내는 법을 익히지 못했고, 남을 신뢰하지 않았기 때문에 남의 도움은 받으려 하지 않았습니다. 그는 늘 자신의 두뇌로만 생각하고 판단하며 살았습니다. 그가 마흔이 넘었을 때 주위 사람들은 그를 매우 평범한 사람으로 취급했습니다. 왜냐하면 그의 능력은 항상 IQ 140에 머물러 있었기 때문이지요.

IQ 100인 아이가 있었습니다. 그 아이는 공부를 잘하지 못해서 일류 학교를 나오지 못했고, 다른 사람들에게 주목받지도 못했습니다. 그러나 그는 다른 사람의 마음을 잘 헤아리고 존중해서 사이좋게 지낼 뿐 아니라, 그 사람들에게 도움받기를 즐겼습니다. 그 사람은 자신의 두뇌만이 아니라 다른 사람들의 도움을 통하여 IQ 150이나 IQ 180의 사람처럼 일을 처리했습니다. 그가 마흔쯤 되었을 때 모두들 그를 뛰어난 사람이라고 말했습니다.

대인관계 지능이 높은 사람들은 다른 사람의 도움을 받아 자신의 환경 적응 능력을 높여 갑니다. 그들은 독불장군처럼 혼자 모든 일을 처리하지 않고 주위 사람들의 도움을 받아 자신의 가치를 높여 갑니다.

우리 아이들에게는 부모 외에도 많은 조력자들이 있습니다. 선생님을 위시하여 조부모, 삼촌, 고모, 이모 등이 아이들 옆에 있습니다. 그런데 이런 사람들과 친밀하게 지내는 아이가 있는가 하면, 그렇지 못한 아이가 있습니다. 아동심리 연구에 의하면 조력자와 잘 지내는 아이가 그렇지 못한 아이보다 대인관계 지능이 높다고 합니다.

백 권의 책은 백 분의 스승

핵가족 가정에서 자라나는 요즘 아이들에게 책은 훌륭한 조력자가 됩니다. 책 속에 나오는 인물들이 곧 조력자입니다. 독자심리학 연구에 의하면 책을 많이 읽은 사람은 독서를 하지 않거나 독서량이 적은 사람보다 이해심과 배려심이 더 높게 나타나는데, 이는 책 속에서 여러 조력자를 만나 교류했기 때문이라고 합니다.

오스카 와일드의 〈행복한 왕자〉를 읽은 아이들은 행복한 왕자의 생각과 행동을 통해 동정심과 배려심을 배우게 됩니다. 윌리엄 스타이그의 〈아모스와 보리스〉는 우정에 대해, 크니스터 글, 이브 탈럿 그림의 〈아무도 안 줄 거야〉는 사람들과 나누는 가치에 대해서 훌륭한 조언을 해 줍니다.

'한 권의 책은 한 분의 스승, 백 권의 책은 백 분의 스승'이라는 격언이 있습니다. 책이 독자에게 끼치는 영향이 그만큼 크니 책을 많이 읽으라는 말이지요.

도덕적 판단력을 길러 주는
그러면 독서놀이

도덕성이 발달하는 3단계 과정

도덕성 발달 과정을 논리적으로 제시한 학자 중에 심리학자 로렌스 콜버그가 있습니다. 그에 따르면 어린이의 도덕성은 3단계를 거쳐 발달하는데, 첫째 단계는 '처벌 회피를 위한 단계'입니다. 어떤 일을 하면 불이익이나 처벌을 받을 것이라는 공포 때문에 도덕적 행동을 하는 단계입니다. 그러니까 아이가 혼나는 것이 두려워 나쁜 일을 하지 않는다면, 이미 도덕심의 기초 단계에 있는 것입니다.

두 번째 단계는 '결과에 대한 관심 단계'로 자신이 한 행동이 가져올 결과를 추리하면서 하는 도덕적 행동입니다. 만약에 어떤 아이가 좋은 일을 하면 기분이 좋고, 나쁜 일을 하면 기분이 찜찜해지거나 수치심까지 느낀다면 이미 도덕성의 두 번째 단계에 들어선 것입니다.

세 번째 단계는 '원칙에 따른 단계'로 절대적인 원칙에 의해서 도덕적 행동을 하는 것입니다. 그러나 아이들은 혼자 힘으로는 세 번째 단계까지 이르기가 어렵습니다.

등장인물의 **행동을 평가해 본다**

초등학교에 들어갈 나이가 되면 사회생활에 필요한 도덕심이 발달합니다. 그래서 책을 읽을 때도 선과 악, 진실과 허위, 현명과 우둔, 정의와 불의 등 도덕적 가치관의 잣대를 가지고 보게 됩니다. 이때는 책에 나오는 등장인물의 행동을 통해 도덕적인 가치를 판단하는 놀이를 해 보세요. 예를 들어, 〈토끼와 거북〉을 읽고 난 아이에게 엄마가 물어봅니다.

"그러면 거북은 정말 이긴 걸까?"

질문을 받은 아이는 승리의 진정한 의미를 생각해 보게 됩니다. 책 읽기를 통해 이런 도덕적 질문을 반복하다 보면 스스로 질문을 던지기도 하고, 부모나 친구에게 질문을 해서 다른 사람의 생각도 알고 싶어합니다. 그 단계까지 이른 어린이는 책 속에 있는 이야기가 주는 재미 외에 또 다른 재미를 발견한 것입니다. 그것이 도덕적 사고의 시작입니다.

　도덕심을 길러 주기에 좋은 책은 권선징악이 잘 드러나는 전래동화
입니다. 옛날 사람들의 이야기 속에서 모범이 되는 모델을 발견할 때,
마음 깊은 곳에서는 도덕적인 가치관이 뿌리를 내립니다.

생활 속의 재판관이 되어 본다

- 톰의 엄마가 시장에서 유리컵 열 개를 사 온 뒤에 톰에게 새로 사
  온 컵을 정리하는 동안 부엌에 들어오지 말라고 했다. 그리고 엄마
  가 잠깐 자리를 비운 틈에 톰이 부엌에 들어와 컵을 한 개 깼다.
- 헬렌의 엄마는 시장에서 유리컵을 열 개 사 가지고 와서 부엌문 뒤
  에 두었다. 그런데 헬렌이 모르고 부엌문을 벌컥 여는 바람에 유리
  컵 열 개가 모두 깨졌다.

　위의 경우, 톰과 헬렌 중 누가 더 야단을 맞을까요? 로렌스 콜버그가
어린이의 도덕성 발단 연구를 위해 실험을 했더니, 미국 어린이들 중에
는 나이가 어릴수록 헬렌이 컵 열 개를 깼으니까 야단을 더 많이 맞을
것이라고 응답했고, 초등학교 3학년 이상의 아이들은 톰이 엄마 말을
어겼으니 야단을 더 많이 맞을 것이라고 응답했습니다.

　우리나라 어린이들에게도 똑같은 실험을 해 보았습니다. 그 결과,
나이에 상관없이 모든 어린이가 열 개를 깬 헬렌이 야단을 더 많이 맞

아야 한다고 대답했습니다. 이 실험 결과가 보여 주는 것은 우리나라 어린이들이 미국의 어린이들보다 더 물질 중심적인 사고를 하고 있다는 사실입니다.

도덕성은 인격을 완성하는 중요한 변인입니다. 이제 초등학생이 되어 사회생활을 시작하려는 일곱 살 아이들에게 필요한 것은 건전한 도덕성의 옷입니다. 생활 속의 재판관이 되어 주위를 보는 습관을 길러 주세요.

그림동화에서 배우는 그러면의 효과

〈백설 공주〉, 〈흥부 놀부〉, 〈콩쥐 팥쥐〉 등 여러 명작동화와 전래동화 속에는 선과 악에 대한 도덕적 딜레마가 제시되어 있어서 읽어 주고 이야기를 나누는 것만으로도 어린이의 도덕적 판단력이 향상됩니다.

외국의 그림책에서도 도덕에 대해 생각거리를 던져 주는 이야기가 많습니다. 벨기에 작가 탕기 그레방이 쓰고 캉탱 그레방이 그린 〈카푸치나〉에는 밤중에 찾아온 마녀의 진주 목걸이에서 진주 한 알을 훔쳐 빵 속에 숨겨 그 빵을 자기의 딸 카푸치나에게 먹게 하는 아빠가 나옵니다. 아이들은 이야기를 읽으며 '그러면 안 될 것 같은데……' 하며 잘못의 결과를 예측해 봅니다.

머리로는 알고 있지만 도덕을 실행하기는 어려운 일입니다. 에릭 바튀의 〈털북숭이 곰 티노〉에는 혼자만 나무딸기를 독차지하고 싶어 털

북숭이 곰 티노를 경계하는 꼬마 곰이 나옵니다. 이 책을 읽은 아이는 '나도 그랬던 적이 있는데……'라고 생각하며 자신의 행동을 되돌아볼 것입니다.

모리야마 미야코의 〈노란 양동이〉는 아기 여우가 임자 없는 노란 양동이를 발견하고 마음의 갈등을 겪으며 참는 동화입니다. 일주일만 임자가 나타나지 않으면 자기가 주인이 될 수 있다고 믿고 기다리는 아기 여우의 모습이 가슴을 찡하게 합니다. 남의 것을 욕심내는 사람은 벌을 받는다는 교훈이 담긴 전래동화가 줄 수 없는 문학의 아름다움을 느끼게 해 줍니다.

부끄러운 걸 알면 걱정할 필요 없어요

어린이는 '사회적 관계'를 통해 자부심과 수치심이라는 도덕적인 감정을 터득한다. 자부심이란 아이가 어떤 일을 제대로 한 뒤에 받는 축하 같은 것인데, 함박웃음과 뻐기는 듯한 자세로 나타난다. 한편 수치심은 아이가 잘못된 일을 하고 나서 부모나 어른들의 질책을 예측할 때 생긴다. 수치심을 느낀 아이는 시선을 돌리고 몸을 쪼그린다. 이런 수치심은 자라면서 양심을 키워 가는 한 과정이기도 하다. 잘못을 하고도 수치심을 느끼지 못하는 아이는 양심을 키워 갈 기회를 가질 수 없다.

유아책을 고를 때
엄마가
기억해야 할
7가지

 아기 손에 쏘옥 잡히는 책

아기들 손에 쏘옥 잡히는 작고 아담한 책이어야 해요. 크고 두꺼운 책은 아기의 마음을 위축시켜 아기와 책을 멀어지게 합니다.
아기의 눈이 오래오래 머무는 아름다운 종이책, 가볍고 부드러운 헝겊책, 귀여운 동물들이 등장하는 책이 아기용 책입니다.

#고사리손 #손에쏘옥 #헝겊책
#출판사의힘 #가격은상관없다

 운율이 흐르는 문장의 책

아기들이 노래를 좋아하는 것은 내용 때문만이 아니에요. 일정하게 반복되는 운율이 아기의 두뇌를 기쁘게 하기 때문이지요.
운율이 흐르는 문장은 읽기도 좋고, 듣기도 좋고, 기억에도 잘 남아요. 시와 전래동화가 아기들을 기쁘게 하는 것도 운율의 힘이 크답니다.

#전래동화포에버 #할머니무릎
#동시 #동요 #운율가득

 발달 단계에 맞는 책

책읽기에는 80% 법칙이 있어요. 어휘와 내용을 80% 정도 이해할 수 있을 때 재미있는 책이 됩니다.
100% 이해할 수 있는 책은 싱겁고, 30%만 이해할 수 있으면 어려워서 싫어져요. 우리 아이 발달 단계에 맞지 않는 책은 그림의 떡.

#그림책 #동요동시 #80%법칙
#명작동화 #전래동화 #창작동화

상승 모티프가 있는 책

기쁨과 행복의 세계를 보여 주는 책은 상승 모티프의 책입니다. 좌절과 절망의 세계를 보여 주는 책은 하강 모티프의 책입니다.

어린 시절에는 상승 모티프의 책이 필요해요. 상승 모티프가 아이들에게 밝은 성격과 밝은 미래를 선사해 줍니다.

♡ ▽ ◯ 🔖

#상승모티프 #긍정의힘 #갈등해결
#인과응보 #사필귀정 #해피엔딩

 ## 아름답고 은은한 그림책

부드럽고 은은한 색의 그림을 보고 자란 아이는 안정된 성격이 되고, 날카롭고 자극적인 색의 그림을 보고 자란 아이는 불안정한 성격이 됩니다.

안정된 성격의 아이는 안정된 삶을 살고, 불안정한 성격의 아이는 불안정한 삶을 살게 돼요. 아기 손에 좋은 책만 쥐어 주어야 하는 이유랍니다.

♡ ▽ ◯ 🔖

#부드러운컬러 #우아한그림
#기분좋은그림 #자꾸보고싶은그림

 ## 이야기가 잔뜩 숨겨진 그림책

좋은 그림에는 이야기가 들어 있습니다. 보기만 해도 이야기가 솔솔 흘러나오고, 글씨가 없어도 재미있는 책.

아이들이 그림책을 보는 것은 이야기를 찾기 위해서입니다. 보고 또 보고, 볼 때마다 다른 이야기를 찾을 수 있는 그림책이라면, 오래오래 간직해도 좋은 책이에요.

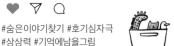

♡ ▽ ◯ 🔖

#숨은이야기찾기 #호기심자극
#상상력 #기억에남을그림

영원하고 보편적인 이야기

어떤 책이 수백 년, 수천 년 동안 읽혀 오고 있다면 그 속에는 다이아몬드처럼 단단한 아름다움이 들어 있는 게 분명합니다.

그 단단한 다이아몬드 같은 가치를 우리 아이에게 맛보게 해 주는 것이 독서의 목적이지요. 오랫동안 읽혀 온 세계명작이 바로 영원하고 보편적인 책입니다.

♡ ▽ ◯ 🔖

#영원한세계명작 #공감능력 #읽는재미
#안데르센 #페어리테일 #간접경험

0-6세 골든타임 책육아

2024년 9월 1일 1판 7쇄 발행

글 남미영 그림 금요일
펴낸이 나성훈 펴낸곳 (주)예림당 등록 제2013-000041호
주소 서울특별시 성동구 아차산로 153 예림출판문화센터
구매문의 전화 561-9007 팩스 562-9007 홈페이지 www.yearim.kr
책임개발 이지안/박보람 백민주 본문 디자인 최수정 표지 디자인 황아름

ISBN 978-89-302-5906-4 03370